JESUS VON NAZARETH

*Der evangelisch-theologischen Fakultät
der Ludwig-Maximilians-Universität München gewidmet.
Als jüdischer Gaststudent erlernte ich dort
zwischen 1983 und 1986
mein Rüstzeug für den jüdisch-christlichen Dialog.
Es war eine Zeit der Begegnung und des Respekts.*

WALTER HOMOLKA
JESUS VON NAZARETH
IM SPIEGEL JÜDISCHER FORSCHUNG

HENTRICH & HENTRICH STIFTUNG NEUE SYNAGOGE BERLIN
CENTRUM JUDAICUM

JÜDISCHE MINIATUREN
SPEKTRUM JÜDISCHEN LEBENS
Herausgegeben von Hermann Simon

Band 85   JESUS VON NAZARETH

Umschlag vorn:
Ausschnitt aus »Christ before the High Priest« (ca. 1617)
Gerrit van Honthurst (1590–1656),
National Gallery London

© HENTRICH & HENTRICH Berlin und Teetz

Kein Teil dieses Buches darf ohne schriftliche Genehmigung
des Verlages in irgendeiner Form, durch Fotokopie,
Mikroverfilmung, Digitalisierung, Einspeisung in Datenbanken
oder Online-Dienste oder irgendein anderes Verfahren,
reproduziert oder in eine von Maschinen, insbesondere von
Datenverarbeitungsmaschinen, verwendbare Sprache
übertragen oder übersetzt werden.
Sollten Rechteinhaber nicht ermittelt worden sein,
bitten wir um Verständnis und nachträgliche Mitteilung
an den Verlag.

Druck: Brandenburgische Universitätsdruckerei und
       Verlagsgesellschaft Potsdam mbH

1. Auflage 2009
Printed in Germany
ISBN 978-3-941450-03-5

Inhalt

Vorwort	7
Das Leben Jesu aus den Quellen	9
Jesusbilder im Judentum bis zur frühen Neuzeit	17
Jesus in Mischna und Talmud	19
Die »Toldot Jeschu«	21
Rabbinische Polemik gegen Jesus	24
Christliche Talmudkritik und Zensur	27
Der historische Jesus seit der frühen Neuzeit	31
Jesus und die jüdische Aufklärung	31
Die christliche Leben-Jesu-Forschung – Eine Abkehr vom Dogma	32
Die jüdische Leben-Jesu-Forschung als Heimholung Jesu ins Judentum	41
Leo Baeck und Adolf von Harnack – Die Kontroverse	44
Ausgewählte Jesusbilder von Joseph Klausner bis Ernst Ludwig Ehrlich	57
Joseph Ratzinger und der jüdische Jesus	63
Dass Jesus Jude war – ein kultureller Zufall?	63
Der »Rabbi Jesus« – dem Christen nur als Christus wichtig?	67
»Die ganze Bibel von Christus her lesen« – Joseph Ratzingers Hermeneutik	69
Christlicher Glaube und »historische Vernunft«	71
Fazit	73
Ausgewählte Literaturempfehlungen	86
Der Autor	88

»Ich kenne einen guten Hamburger Christen, der sich nie darüber zufrieden geben konnte, daß unser Herr Heiland von Geburt ein Jude war. Ein tiefer Unmut ergriff ihn jedesmal, wenn er sich eingestehen mußte, daß der Mann, der, ein Muster der Vollkommenheit, die höchste Verehrung verdiente, dennoch zur Sippschaft jener ungeschneuzten Langnasen gehörte, die er auf der Straße als Trödler herumhausieren sieht, die er so gründlich verachtet, und die ihm noch fataler sind, wenn sie gar, wie er selber, sich dem Großhandel mit Gewürzen und Farbestoffen zuwenden, und seine eigenen Interessen beeinträchtigen.«

**Heinrich Heine,
Shakespeares Mädchen und Frauen (1838)**

Vorwort

Auf den ersten Blick könnte man meinen, *Jesus aus jüdischer Sicht* sei kein Thema, das Erfolg verspricht. Der britische Rabbiner Jonathan Magonet formulierte es so: »Tatsächlich ist die Frage, wer Jesus war oder gewesen sein mag, nur für sehr wenige Juden von Interesse. Oder, um noch genauer zu sein, für die meisten Juden hat Jesus so gut wie keine Bedeutung.«[1]

Das vorliegende Buch versucht, Jesus von Nazareth in seinem jüdischen Umfeld gerecht zu werden und die jüdische Wahrnehmung Jesu durch die Jahrhunderte darzustellen. Offensichtlich war und ist ein unverstellter Blick auf Jesus von jüdischer Seite zunächst nur schwer möglich. Zu dramatisch war dessen Wirkungsgeschichte zu einer Gefahr für das Judentum als Ganzes geworden, aber auch ganz existentiell für jeden einzelnen Juden. Jahrhunderte der Verfolgung, Unterdrückung, erzwungenen Wanderschaft und Ausgrenzung im Namen Jesu prägen sich ein in die Erinnerung eines Volkes, das es im »christlichen Abendland« alles andere als leicht hatte.

Diese Erkenntnis macht aber auch neugierig auf die Frage, ob es von Seiten jüdischer Gelehrter eine substantielle Auseinandersetzung mit Jesus als Person gegeben hat, nicht bloß mit dem Christentum als konkurrierender Religion.

Dieses Buch wäre nicht möglich gewesen ohne eine wissenschaftliche Beschäftigung mit dem Christentum aus jüdischer Perspektive, die nun schon über fünfundzwanzig Jahre andauert. Mein besonderer Dank gilt all jenen Lehrern an der Ev. theol. Fakultät der Universität München, die mich während meines Gaststudiums dort und an der Hochschule für Philosophie der Jesuiten zwischen 1983 und 1986 als jüdischen Studenten mit besonderem Respekt aufgenommen und intellektuell inspiriert haben. Aus den dort gesammelten Erkenntnissen und Erlebnissen entwickelte sich während meines Rabbinerstudiums am Leo Baeck College London schließlich mein durch Christoph Schwöbel betreutes Dissertationsprojekt am King's College London. Bewähren konnten sich die gewonnenen Einsichten in den Jahren des praktischen Rabbinats, die auch geprägt waren vom vielfältigen Interesse christlicher Gemeinden am Judentum. Im Gesprächskreis Juden und Christen beim Zentralkomitee der deutschen Katholiken haben sich diese Erfahrungen weiter vertieft. Gleichzeitig verbinde ich mit den vielfachen und vielseitigen Erfahrungen die Einsicht, dass die Erkenntnisse des jüdisch-christlichen Dialogs in jeder Generation neu vermittelt werden müssen. Ich bin sehr dankbar, jüdische Religionsphilosophen wie Schalom Ben-Chorin, Ernst Ludwig Ehrlich und Pinchas Lapide noch selbst erlebt zu haben. Heute ist es erforderlich, den Ertrag von Generationen jüdischer Denker neu ins Gedächtnis zu rufen, um die Verständigung von Juden und Christen über- und miteinander zu bewahren. Diesem Auftrag ist das vorliegende Buch geschuldet. Ohne die intensive Mitarbeit Hartmut Bomhoffs wäre es in dieser Weise nicht entstanden. Dafür und für die Unterstützung durch Susanne Marquardt, Johannes CS Frank, Professor Heinz-Günther Schöttler und Dagmar Neuhäuser besonderen Dank.

Das Leben Jesu nach den Quellen

Die frühchristlichen Evangelien gelten als die wichtigsten Quellen zum äußeren Lebensgang Jesu. Am besten dokumentiert ist dabei die Passionsgeschichte. Das früheste der drei synoptischen Evangelien, das Markusevangelium, ist um 70 entstanden und greift auf noch ältere Materialien zurück. Die Quelle mit höchstem Authentizitätsgrad ist die so genannte Logienquelle Q mit Worten Jesu; der Geschichtswert des Johannesevangeliums – das jüngste der vier Evangelien, um Ende des 1. Jh. – ist aus seiner nachösterlichen Glaubensperspektive heraus hingegen begrenzt. Die außerchristlichen Zeugnisse (Flavius Josephus, Sueton, Tacitus) sind mit Blick auf die Biographie Jesu wenig ergiebig.[2] Nach Johann Maier findet sich die erste, aber wenig aussagekräftige jüdische Erwähnung im so genannten »Testimonium Flavianum« in Ant XVIII, 63f. (vg. XX, 199–203 zum Martyrium des Jakobus), dessen Wortlaut aber wohl christlich überarbeitet ist.[3] Es heißt bei Josephus: »Um diese Zeit lebte Jesus, ein weiser Mensch, wenn man ihn überhaupt einen Menschen nennen darf. Er war nämlich der Vollbringer ganz unglaublicher Taten und der Lehrer aller Menschen, die mit Freuden die Wahrheit aufnahmen […] Er war der Christus. Und obgleich ihn Pilatus auf Betreiben der Vornehmsten unseres Volkes zum Kreuzestod verurteilte, wurden doch seine früheren Anhänger ihm nicht untreu.«

Aus Jesu Jugendzeit wissen die Evangelien nur wenig zu berichten. Er stammte aus dem untergaliläischen Nazareth und wurde nach Mt 2,1 als erstes Kind der Maria (Mirjam) noch vor dem Tod Herodes des Großen im Jahr 4 v.u.Z. geboren, also wohl wenige Jahre vorher. Sein Name, Jesus, ist die griechische Übersetzung des hebräischen *Jehoshua* (»Gott hilft«). Der Evangelist Markus schreibt von mindestens sechs Geschwistern: Jakobus, Joses, Judas, Simon sowie von den Schwestern Jesu, die aber namenlos bleiben. Zwei fiktionale Vorfahrenlisten (Mt 1; Lk 3) machen Jesus von Nazareth zum Nachkommen von Abraham und König David, sind aber ebenso wie das Motiv von der Jungfrauengeburt keine historischen Aussagen, sondern haben vielmehr theologische Bedeutung.

Ob Bethlehem bei Jerusalem der tatsächliche Geburtsort Jesu ist oder nur wegen der Davidsverheißung mit ihm in Verbindung gebracht wurde, bleibt fraglich. Die These, dass Jesus im galiläischen Bethlehem *(Beit Lehem Ha'glilit)* in der Nähe von Nazareth und nicht etwa vor den Toren Jerusalems zur Welt kam, wurde bereits 1922 von Joseph Klausner (1874–1958) vertreten.[4] Er verwies darauf, dass dieses galiläische Bethlehem im Talmud und in der Midrasch-Literatur vorkommt; Ausgrabungen belegen, dass es zur Zeit Jesu ein bedeutender Ort war, während es für Bethlehem in Judäa keine Befunde aus herodianischer Zeit gibt.

Der Satz »Und da acht Tage um waren, dass das Kind beschnitten würde, da ward sein Name genannt Jesus [...]« (Lk 2,21) verweist darauf, dass die Familie als Juden unter Juden lebte. Als Erstgeborener einer jüdischen Familie wurde Jesus im Tempel ausgelöst; später erlernte Jesus den Beruf seines Vaters (Mk 6,3; Mt 13,55). Josef war ein Handwerker (griech. τέκτων, oft irreführend als »Zimmermann« übersetzt) und hatte wohl mit der Verarbeitung von Holz, Lehm oder Steinen zu tun. Nach Lk 2,46f beeindruckte Jesus die Jerusalemer Schriftgelehrten im Tempel schon mit zwölf Jahren mit seiner guten Torakenntnis, was auf den Besuch eines Lehrhauses hindeutet, aber auch ein fiktionaler Einschub sein kann, um ihn als herausragenden Toralehrer zu kennzeichnen. Jesu Muttersprache war galiläisches Westaramäisch; daneben muss er das Hebräische beherrscht haben, denn nach Lk 4,16 las Jesus aus der Tora, bevor er sie auslegte. Seine häufige Frage an seine Hörer »Habt ihr nicht gelesen?« (Mk 2,25; 12,10.26; Mt 12,5; 19,4 u. a.) deutet auf seine Lesefähigkeit hin. Ob er zudem etwas Griechisch sprach (die griechische Koine war damals die Verkehrssprache im Osten des Römischen Reichs), ist nicht belegt.

Im Zusammenhang mit der einzigen direkten Jahresangabe der Evangelien über das Auftreten des Täufers ist die Annahme einer gut zweijährigen Dauer des öffentlichen Wirkens, mit der auch Pessach 30 als wahrscheinliches Todesdatum übereinstimmt, für den Exegeten Anton Vögtle am Besten zu begründen.[5] Nach Lk 3,1 ff war Jesus etwa 30 Jahre alt, als er begann, öffentlich zu wirken: »Im 15. Jahr der Herrschaft des Kaisers Tiberius, als Pontius Pilatus Statthalter von Judäa war.« Vorübergehend gehört Jesus dem Kreis um Johannes den Täufer an, der in der Jordanlandschaft Peräa am Toten Meer als asketischer Prophet auftrat und in Anbetracht des bevorstehenden Kommen Gottes und des endzeitlichen Gerichts zur Umkehr aufrief. Johannes war laut Lk 1,5 der Sohn des Priesters Zacharias aus der Priesterklasse Abija und der Elisabeth aus dem Geschlecht Aarons.

Jesu Taufe im Jordan entspricht der *Tewila*, dem traditionellen Ganzkörpertauchbad zur rituellen Reinigung. Die Begegnung mit Johannes bedeutet eine entscheidende Wendung; in Folge seiner eigenen Berufungserfahrung kehrte Jesus nach Galiläa zurück und beginnt im Frühjahr 28 oder 29 sein eigenständiges Wirken als charismatischer Wanderprediger. Sein Wohnsitz ist Kapernaum am Nordostende des Sees Genezareth, sein Wirkungskreis das jüdisch besiedelte Gebiet nördlich und östlich des Sees. Galiläa galt damals als Unruheregion. Die dortige jüdische Bevölkerung sah sich vom religiösen Zentrum in Judäa abgeschnitten und von heidnischen Einflüssen bedroht. Kapernaum lag damals genau an der Grenze zwischen dem Gebiet des Herodes Antipas und des Philippus.

In Kapernaum selbst fand Jesus offenbar wenig Zuspruch. Von dort aus brach er mit ersten Begleitern und Begleiterinnen, Shimon, Andreas, Levi, Maria aus Magdala, in die Umgebung auf. Von seinen Anhängern forderte er, Eltern, Kinder und den gewohnten Alltag aufzugeben und ihm zu folgen: »Wer nicht hasst Vater oder Mutter, kann nicht sein mein Jünger. Wer nicht hasst Sohn oder Tochter, kann nicht sein mein Schüler.«

Der Evangelist Johannes schreibt von drei Jahren, in denen Jesus öffentlich auftrat, während die drei Synoptiker von einem Jahr und auch nur von einer Reise Jesu nach Jerusalem ausgehen. Seine Reisewege lassen sich nicht genau rekonstruieren; viele Ortsangaben der Evangelien sind nachträglich eingefügt worden und spiegeln die Verbreitung des Christentums zur Zeit ihrer Redaktion wider.

Jesu Predigt- und Argumentationsstil ist im Wesentlichen rabbinisch, seine Gleichnisse (hebr. *meshalim*) folgen der biblischen Bildersprache, wobei die Bilder aus dem landwirtschaftlichen Alltag und der Fischerei stammen: der Sämann, das Senfkorn, der Menschenfischer, die »Stillung« des Sturmes. Seine ersten Jünger nannten ihn »Rabbi« (Mk 9,5; 11,21;

14,45; Joh 1,38.49; Joh 3,2; 4,31 u. a.) oder »Rabbuni« (Mk 10,51; Joh 20,16). Diese aramäische Anrede bedeutet »mein Meister« und entsprach dem griechischen $διδασκαλος$ für »Lehrer«. Sie drückte Ehrerbietung aus und gab Jesus denselben Rang wie den pharisäischen Schriftgelehrten (Mt 13,52; 23,2.7f). Nach Mk 6,1–6 wurde Jesu Lehre in seiner Heimatstadt abgelehnt, so dass er nicht mehr in dorthin zurückgekehrt sei. Aber nach Mk 1,31 versorgten Frauen aus Jesu näherer Umgebung ihn und seine Jünger. Sie blieben nach Mk 15,41 bis zum Tod bei ihm.
Wie Hillel (ca. 30 v. bis 9 n. u. Z.) räumte Jesus der Nächstenliebe den gleichen Rang wie der Gottesfurcht ein und ordnete sie damit den übrigen Toragreboten über (Mk 12,28–34). Nachdem das aus einer christlichen Nichtkenntnis bzw. Verkennung des Judentums zur Zeit Jesu lange so kommentiert wurde, dass Jesus eine aus dem Judentum unableitbare Auslegung der Halacha vertreten habe, wird dies inzwischen mit Verweis auf das plurale Judentum seiner Zeit als innerjüdische Toradeutung gelesen. Für Joseph Klausner beschreiben die Evangelien Jesus als gesetzestreuen Juden: »So sehr auch die synoptischen Evangelien von Feindseligkeiten gegen die Pharisäer erfüllt sind, können sie doch nicht umhin, Jesus in seiner Haltung zum Gesetz als pharisäischen Juden zu schildern. So befiehlt er bei verschiedenen Gelegenheiten, Opfer darzubringen (Mk 1,44; Mt 5,23f.); auch wendet er nichts gegen Fasten und Beten ein, sofern dies ohne Überheblichkeit geschehe (Mt 6, 5–7 16, 18) [...] Er selbst erfüllt alle Zeremonialgesetze, trägt Schaufäden (Mk 6,56 und Parallele), entrichtet den halben Schekel für den Tempel, wallfahrtet zum Pessach nach Jerusalem, spricht den Segen über Wein und

Brot usw.. Seine Schüler warnt er vor Berührung mit Heiden und Samaritanern; auf die Bitte, ein heidnisches Kind zu heilen, gibt er eine von extrem-nationalistischem Geiste durchdrungene Antwort.«[6]

Die der Logienquelle zugewiesenen »Seligpreisungen« (Lk 6,20ff, Mt 5,3ff) sagen Gottes Reich den aktuell Armen, Trauernden, Machtlosen, Verfolgten als schon gegenwärtig und gewiss kommende gerechte Wende zur Aufhebung ihrer Not zu. Diese waren die ersten und wichtigsten Adressaten Jesu. Seine »Antrittspredigt« nach Lk 4,18–21 besteht nur aus dem Satz »Heute hat sich dieses Wort [Jes 61,1ff] vor euren Ohren erfüllt«. Damit wird die biblische Verheißung eines »Jubeljahres« zur Entschuldung und Landumverteilung (Lev 25) für die gegenwärtig Armen aktualisiert. Die jüdische Landbevölkerung litt sozialhistorischen Untersuchungen nach unter Ausbeutung, steuerlichen Abgaben für Rom und den Tempel, täglicher römischer Militärgewalt, Schuldversklavung, Hunger, Epidemien und sozialer Entwurzelung.[7] Jesu Armenfürsorge, Heiltaten und die Tateinheit von Beten und Almosengeben ähneln dem späteren Auftreten des Wundercharismatikers Chanina Ben Dosa (um 40–75), einem Vertreter des galiläischen Chassidismus.[8] Auch deswegen ordnen heutige Religionswissenschaftler Jesus von Nazareth ganz in das damalige Judentum ein und betonen anders als früher die Verwandtschaft seiner Botschaft mit dem Pharisäismus.[9]

Die vier Evangelien berichten zusammenhängend nur von Jesu letzten Lebensjahren. Die Abfolge von Einzug, Tempelreinigung, Verhaftung, Verhör Jesu im Haus des Hohenpriesters, Auslieferung an Pilatus, Verhör durch die Römer, Geißelung, Verspottung, Hinrichtung durch römische Soldaten und Grablegung stimmt in den synoptischen Evangelien in vielen Details überein. Von wem Jesu Festnahme ausging, ist hingegen umstritten. David Flusser etwa fragt, ob es überhaupt eine Sitzung des Hohen Rats gegeben habe, die Jesus zum Tode verurteilt haben soll.[10]

Jesus und seine Jünger lagerten im Garten Getsemani am Fuß des Ölbergs, eine Lagerstätte für Pessachpilger. Dorthin soll Judas Ischariot in der Nacht nach dem letzten Mahl aller Jünger mit Jesus eine mit »Schwertern und Stangen« bewaffnete »große Schar« (Mk 14,43) bzw. »Söldnertruppe« (Joh 18,3) geführt haben. Paul Winter nahm daher an, dass Jesus nicht vom jüdischen Hohen Rat, dem Sanhedrin, festgenommen und verurteilt worden sei, sondern von den Römern in Begleitung von bewaffneten Juden der Tempelgarde. Die Besatzer hätten mögliche politisch-revolutionäre Tendenzen unterdrücken wollen, die in Jesu Gefolgschaft vorhanden gewesen seien oder durch seine Botschaft und Taten hervorgerufen werden konnten.[11]

Historiker beider Positionen nehmen gemeinsame Interessen der Römer und sadduzäischen Oberschicht an Jesu Festnahme an. Denn der »Tempelkonflikt« habe die Machtposition der jüdischen Eliten unmittelbar bedroht, unvorhersehbare Folgen für die Autonomie der jüdischen Gemeinschaft gehabt und somit andauernde politische Instabilität verursachen können.[12] In diesem Sinn gilt auch die von Kaiphas in Joh 18,14 überlieferte Abwägung als plausibel: »Es ist besser, dass ein Mensch statt des Volkes stirbt.«

Der Richter am Obersten Gerichtshof des Staates Israel und Rechtshistoriker Chaim Cohn (1911–2002) hat den Prozess ausführlich nachgezeichnet und ein detailliertes Bild der wahrscheinlichen Ereignisse um die Kreuzigung Jesu entworfen.[13] Die Hinrichtung unter Pontius Pilatus als Statthalter Judäas (26–36) geschah nach allen vier Evangelien am Vortag eines Schabbats, also an einem Freitag. Für die Synoptiker war es der Hauptfesttag des Pessach nach dem Sederabend, der 15. Nisan im jüdischen Kalender. Für das Johannesevangelium dagegen war es der Rüsttag zum Pessachfest, also der 14. Nisan. Diese Terminierung, die vom stark narrativ-fiktionalen Charakter dieses späten Evangeliums zeugt, hat theologische Bedeutung: Jesus wäre dann nämlich zur Zeit der Schlachtung der Pessach-Lämmer gestorben.

Nach Mk 15,27 wurde Jesus zusammen mit zwei »Räubern« auf dem Hügel Golgota (»Schädelstätte«) vor der damaligen Jerusalemer Stadtmauer gekreuzigt, nach Lk 23,39ff begleitet von Hohn und Spott der Anwesenden. Der vormarkinische Passionsbericht nennt dazu keine Details und gibt nur an, dass Jesus »um die dritte Stunde« gekreuzigt wurde und »um die neunte Stunde« starb. Kalendarische und astronomische Berechnungen haben das Jahr 30 als wahrscheinliches Todesjahr ergeben.[14]

Jesusbilder im Judentum bis zur frühen Neuzeit

Mit der Durchsetzung des rabbinischen Judentums nach der Zerstörung des Tempels im Jahr 70 n. u. Z. entstand erstmals so etwas wie ein normativ verstandenes Judentum; Haltungen, die nun vertretenen Grundanschauungen nicht entsprachen, wurden von der rabbinischen Elite als häretisch abgetan. Die Bezeichnung für antirabbinische Juden und Ketzer lautet *min* (Plural *minim*). *Min* bedeutete in der frühen talmudischen Literatur neben »Art« und »Abart« auch »Geschlecht« und »Sexualität«. Dieses Schimpfwort galt damals nicht explizit den Judenchristen bzw., Christen; die Mischna enthält in Sanhedrin X.1 eine ganze Auflistung von Häretikern, die »keinen Anteil an der kommenden Welt haben«. Die 12. Bitte des Achtzehngebets, die *birkat ha'minim*, die in Gegenwart Rabban Gamliels II (um 90–130) in Jawne als insgesamt 19. Segensspruch aufgenommen wurde, richtet sich also nicht dezidiert gegen die frühen Christen. Als Bitte um Vernichtung von Apostaten mag sie schon unter der Regierung Alexander Jannais (104–76 v. u. Z.) entstanden sein, der die Pharisäer verfolgt hatte. Der Bezug auf die Judenchristen ist eher mittelbar: Da diese beim Gebet auf diese Bracha nicht mit Amen respondieren konnten, war es möglich, sie der Synagoge zu verweisen.[15] Im Laufe der Zeit wurde jedoch ausdrücklich festgestellt, dass Christen nicht als Ketzer zu gelten haben. So erklärte Rabbi Menachen Ham-Meiri von Perpignan (1249–1316), die Christen seien keine Götzendiener, sondern verträten eine Lehre von hohem ethischen Standard.

Die erste jüdische Auseinandersetzung mit dem christlichen Jesus-Bild wird für die griechisch-jüdische Diaspora angenommen; Johann Maier erkennt für die rabbinischen Traditionen zu Beginn der tannaitischen Zeit (70–240 n. u. Z.; die Tannaiten waren jüdische Gesetzeslehrer) noch keinerlei entsprechende Spuren und verweist darauf, dass das Christentum im damaligen Palästina erst unter Konstantin dem Großen als ernsthafte Herausforderung in Erscheinung trat, und zwar als Nachfolgerin der Weltmacht Rom. Nach der Christianisierung des Römischen Reiches und der Verschärfung der antijüdischen Gesetze aber übertrugen die Rabbinen die negativen Bilder von Esau und von Edom auf das Christentum und erwarteten weiterhin die Erfüllung des Rebekka-Spruchs »Ein Reich wird stärker als das andere« oder auch auf die Verheißung von Owadja (1,21) »Und es ziehen hinauf die Sieger auf den Berg Zion, zu richten den Berg Esau, und des Ewigen wird sein das Königtum.« Die Typologie von »Edom« und »Esau«, »Kirche« und »Rom« ist noch im Mittelalter weithin gebräuchlich. Als Beispiel dafür lässt sich nach Daniel Krochmalnik Raschi (1040–1105) aufführen, in dessen Kommentar zu Owadja zu lesen ist: »Und es ziehen die Fürsten Israels hinauf als Sieger auf den Berg Zion, zu richten, um Esau zu bestrafen, für das, was er Israel angetan hat, den Berg Esau [nach der aramäischen Übersetzung: die große Stadt Esaus, d. i. – nach dem Raschi-Manuskript – Rom], und des Ewigen wird sein das Königtum, um dich zu lehren, dass sein Reich erst vollendet sein wird, wenn er die Bosheit Esaus [im Druck: Amaleks] bestraft haben wird« (1,21). Den kirchlichen Autoritäten ist diese verschlüsselte jüdische Polemik nicht verborgen geblieben.[16]

Jesus in Mischna und Talmud

Kurze rabbinische Texte verweisen auf Jesu Abstammung, Lehre und Wirkung. So wird er »Sohn des Pantera« genannt (Chul 2, 22;24), am Abend des Pessachfestes als Zauberer und Betrüger erhängt (bSan 43a) und von seinen Anhängern, die in seinem Namen Kranke heilen (Chul 2,22f), zitiert (bShab 116a–b). Rabbiner Eliezer ben Hyrkanus soll in Sepphoris etwas Gelehrtes »im Namen Jesu« zu Ohren gekommen sein (Chul 2,24). Jesus von Nazareth wurde in der jüdischen Tradition nachträglich auch mit anderen Figuren gleichgesetzt – so mit einem ägyptischen Zauberer namens Ben Stada, der im frühern 2. Jahrhundert hingerichtet worden sein soll.

Der Name »Pantera(s)« war laut Maier ein geläufiger Soldatenname und macht Jesus in einer Art Gegengeschichte zum unehelichen Sohn eines römischen Legionärs. Der griechische Philosoph und Skeptiker Celsos präsentiert um 180 eine Vorstellung[17] (die durch Origenes auf uns gekommen ist), in der er sich auf einen Juden beruft, der behaupte, die Mutter Jesu habe Ehebruch begangen und ein uneheliches Kind bekommen. So wird schließlich auch der legitimierende Anspruch einer Abstammung aus dem Hause David polemisch in Frage gestellt. Schalom Ben-Chorin befand dazu kurz und knapp: »Diese relativ späten, oft gehässigen Ausfälle besitzen aber keinen historischen Wert, sondern bilden bereits den Niederschlag der Kontroverse zwischen den Judenchristen und dem normativen Judentum.«[18]

Im Talmud findet sich auch eine herabwürdigende Schilderung der Passion Jesu. So heißt es im Babylonischen Talmud (bSanh 43a) zur Hinrichtung: »[Am Vorabend des Sabbat und] am Vorabend des Passahfestes wurde Jesus von Nazareth gehängt. Und ein Herold ging 40 Tage vor ihm aus [und verkündete]: Jesus von Nazareth wird hinausgeführt, um gesteinigt zu werden, weil er Zauberei praktiziert und Israel aufgewiegelt und [zum Götzendienst] verführt *(hiddiach)* hat.« Alter und Echtheit dieser Notiz sind umstritten. Joseph Klausner hielt sie für ursprünglich und datierte sie auf etwa 200. Johann Maier nimmt dagegen an, dass sie nicht vor 220 entstanden sein könne; für ihn ist diese Rede von der Hinrichtung Jesu als eines Verführers zum Fremdkult ein Beispiel dafür, dass diesen Schmähungen Jesu eigentlich Verfahren gegen Andere zu Grunde liegen dürften.[19] Anders als Maier geht Peter Schäfer nicht davon aus, dass es bei den rabbinischen Texten, die auf Jesus verweisen, um sekundäre und nachkonstantinische Konstruktionen handelt. Während Maier nur wenige Texte als tatsächlich auf Jesus von Nazareth bezogen anerkennt, spricht die Textevidenz nach Schäfer jedoch für eine »vernichtende« Kritik der Rabbinen am aktuellen Christentum und an dessen Stifter. Er weist etwa auf die Diskrepanz dieser Textstellen zu den Evangelien hin. Nach diesen wurde Jesus nach römischer Weise gekreuzigt, nach dem Talmud aber gemäß jüdischer Rechtsauffassung gesteinigt und anschließend erhängt. Wenn der Talmud das Verfahren gegen Jesus wieder ganz ins Judentum zurückholt, nimmt er damit einen christlichen Vorwurf auf und bekräftigt ihn in abgrenzender Absicht.[20] Für Schäfer handelt es sich hier noch vor den mittelalterlichen *Toldot Jeschu* um ein »Gegenevangelium« aus genauer Kenntnis des Neuen Testaments heraus.

Schäfer betont den Unterschied zwischen Babylonischem und Palästinischem (Jerusalemer) Talmud. Während sich in dem einen heftige Polemik findet, fehlt sie im anderen weitgehend.

Als Begründung führt Schäfer an, dass sich die Rabbinen Babyloniens im christenfeindlichen Sassanidenreich zur Polemik ermutigt fühlten, während Kritik im Entstehungsbereich des Palästinischen Talmuds nur in verschlüsselter Form möglich gewesen sei. Die jüdische Gegengeschichte, so Schäfer, diente der Selbstvergewisserung: »Es ist genau um die Zeit, als das Christentum sich von bescheidenen Anfängen zu seinen ersten Triumphen aufschwang, dass der Talmud (oder besser die beiden Talmude) das maßgebende Dokument derer werden sollte, die den neuen Bund zurückwiesen, die so hartnäckig darauf bestanden, dass sich nichts geändert hatte und dass der alte Bund weiter gültig war.«

Die »Toldot Jeschu«

Eine zusammenhängende Erzählung zu Jesus und den Ursprüngen des Christentums ist in Form der *Toldot Jeschu* auf aramäisch, hebräisch, jiddisch und auch im Jüdisch-Arabischen erhalten. Das in zahlreichen, stark divergierenden Fassungen überlieferte »Leben Jesu« ist Ausdruck der Abwehrhaltung von Juden, die seit der Spätantike in der Diaspora unter den Repressalien einer christlichen Herrschaft leben mussten. Es deutet die Berichte aus den Evangelien über das Leben Jesu prononciert antichristlich um und schmäht so zentrale Glaubensinhalte der Anhänger des in deren Augen einzig wahren Messias, der von Gott aus der Jungfrau Maria gezeugte wurde. Maier bezeichnet diese »Geschichte Jesu« mit satirisch-polemischem Charakter im Stil eines unterhaltsamen Romans als eine Art von Underground-Literatur: »Im Kern liegt eine aramäische Fassung aus dem 8./9. Jh. zugrunde, aber wohl auch westliche Diasporatraditionen. Im Mittelalter entstanden volkstümliche Versionen, die in der Neuzeit in jüdisch-deutschen Fassungen als heimliche Lektüre kursierten. Maria wird als Verlobte Josefs durch einen römischen Soldaten namens Pandera (o. ä.) getäuscht bzw. verführt und empfängt so Jesus, der durch von Johannes dem Täufer gelernte Zaubersprüche oder auch durch das aus dem Tempel gestohlene Tetragramm Wunder wirkt. Dieser Volksverführer erklärt sich selbst zum Messias und Sohn Gottes, wird von Judas besiegt und von den Weisen der Gerechtigkeit überantwortet. Die Jünger entwenden seinen Leichnam und behaupten, er sei auferstanden.«[21]

Diese Volksliteratur mit all ihrer Häme zeugt von dem Leidensdruck des Judentums im Mittelalter. Schalom Ben-Chorin zitiert in diesem Zusammenhang den jüdischen Historiker Heinrich Graetz mit den Worten »Die Christen vergossen unser Blut, wir vergossen nur Tinte.«[22]

Für die verschiedenen Fassungen der *Toldot*, die auch unter dem Namen *Maasse Talui* bekannt sind (*ha'talui* heißt »der Gehängte«), listet die Berliner Encyclopaedia Judaica von 1932 die folgenden charakteristischen Züge auf:

1. Jesus ist in Sünde gezeugt und empfangen;
2. er drängt sich ins Lehrhaus und predigt als unehrerbietiger Schüler in Gegenwart des Lehrers;
3. durch List eignet er sich im Tempel den Gottesnamen an, indem er ihn auf Pergament schreibt und den Zettel in einer Hüftwunde versteckt;
4. er sammelt Jünger um sich, wird vor die Königin (anachronistisch: Helena) beschieden und überzeugt sie und später das Volk durch Wunderzeichen;

5. Judas, zur Widerlegung Jesu berufen, wird ebenfalls in den Besitz des Gottesnamens gesetzt und überwindet Jesus, als beide durch die Kraft des Gottesnamens sich in die Luft erheben;
6. Jesus sucht Jerusalem ein zweites Mal auf, um sich den Gottesnamen wieder anzueignen, wird verraten und gefangen;
7. er hat sich von allen Bäumen ausbedungen, dass ihm keiner zum Galgen werde; den Kohlstängel vergaß er und wird erhängt;
8. ein Gärtner, Juda, stiehlt den Leichnam Jesu und begräbt ihn heimlich an einem anderen Ort.

Julius Guttmann macht in seinem Beitrag in der Encyclopaedia Judaica darauf aufmerksam, dass sich in Genisa-Fragmenten auch abweichende Darstellungen finden: z.B. Jesus erhob sich vor der Kreuzigung durch die Kraft des Gottesnamens in die Luft. Juda der Gärtner versuchte ihn zu verfolgen, worauf Jesus sich in der Höhle des Propheten Elijahu versteckte, die er sofort durch die Kraft des Gottesnamens schloss. Juda, der Gärtner, befahl der Höhle, sich wieder aufzutun. Jesus verwandelte sich in einen Hahn; Juda fasste diesen bei seinem Kamm und brachte ihn zur Hinrichtungsstätte. Da nach dem jüdischen Gesetz ein Gehenkter nicht über Nacht hängen bleiben darf, täuschte Jesus seine Anhänger durch die Verkündigung: Wenn man ihn am nächsten Morgen nicht am Hinrichtungsort finden sollte, so sei dies ein Beweis dafür, dass er in den Himmel gefahren sei. Juda gelang es nun, den eigentlichen Sachverhalt darzutun.

Von einzelnen Kirchenvätern bis hin zu Martin Luther wurden die Toldot Jeschu immer wieder auf- und angegriffen und ihrerseits für antijüdische Agitation genutzt. Der Wiener Theologe Thomas Ebendorfer (1388–1464) erstellte mit Hilfe eines zum Christentum konvertierten Juden eine lateinische Übersetzung der *Toldot Jeschu* und schloss ihr unter dem Titel *Falsitates Judeorum* ein antichristliches hebräisches Schmähgedicht mit Interlinearglossen und Kommentar sowie einem unvollendeten Antijudentraktat an. Diese Übersetzung entstand zum Zwecke antijüdischer Agitation in einer Zeit, da die Juden nahezu vollständig aus dem Reich vertrieben wurden, und belegt die früheste christliche Rezeption der gesamten *Toldot Jeschu* im mittelalterlichen Aschkenas. Ebendorfers Übertragung ist zugleich eine der ältesten Überlieferungen des jüdischen Jesuslebens überhaupt[23]. Eine ausführliche Analyse der einzelnen Motive der *Toldot Jeschu* gab 1902 Samuel Krauss[24], der damit in der Wissenschaft auch neue Diskussionen um Judas Ischariot als jüdische Figur auslöste.[25] In diesem Zusammenhang wurde auch eine jüdisch-persische *Toldot Jeschu*-Handschrift diskutiert.[26]

Rabbinische Polemik gegen Jesus

Während die *Toldot Jeschu* als Parodie auf das Leben Jesu Volksliteratur waren, entstanden insbesondere in Spanien und Südfrankreich jüdische Polemiken, die christliche bzw. christologische Standpunkte auf hohem Niveau zu widerlegen versuchten. So übersetzte Rabbi Schemtow Ben Isaak Ibn Schaprut (1350 – unbekannt), der 1379 an der Religionsdisputation in Pamplona beteiligt war, als erster das Matthäus-Evangelium sowie Teile der drei übrigen Evangelien ins Hebräische.

Josef Kimchi (1105–1170) verfasste mit dem *Sefer Ha'Berit* (»Buch des Bundes«), das 1710 in Konstantinopel gedruckt wurde, eine der ersten anti-christlichen Polemiken. Das Buch ist als Dialog zwischen einem »Gläubigen« *(ma'amin)* und einem »Häretiker« *(min)* angelegt und greift christologische Interpretationen der Bibel an. Zur Sprache kommen auch die Erbsünde, die Menschwerdung Gottes sowie die moralischen Standards von Juden und Christen bei der Frage des Wucherzinses. Als apologetisches Werk bietet es zugleich Antworten auf antijüdische Einwände der Christen.[27] Darin heißt es: »Wenn nun, wie ihr sagt, Gott Fleisch geworden ist, besaß dann Jesus die Seele Gottes? Wenn dies der Fall ist, warum schrie er dann auf, dass Gott ihn verlassen habe? Wenn er jedoch eine menschliche Seele besaß, und ihr behauptet ja, dass die Gottheit nach seinem Tode ihm innewohnte, dann gilt für Jesus eigentlich, was sich auf alle Menschenkinder bezieht.«[28] Kimchis Werk hatte großen Einfluss auf Nachmanides (1194–1270) und auf seinen eigenen Sohn David Kimchi (1160–1236), einen der größten Bibelkommentatoren seiner Zeit. Dieser schrieb »Jesus hat ja selbst erklärt, er käme nicht, um die Tora zu zerstören, sondern um sie aufrechtzuerhalten«. Zu den jüdischen Polemiken, mit denen die christliche Auslegung der Hebräischen Bibel abgewehrt wurde oder die auf rationalistische Weise die christliche Glaubenslehre in Frage stellten, gehören:
- *Kalimmat Ha'Gojim* (»Die Schande der Heiden«) des Profiat Duran (Isaak ben Moses Ephodi) (Perpignan 1379)
- *Bitul Ikkarei Dat Ha'Nozerim* (»Die Aufhebung der Dogmen des Glaubens der Christen«) des Chasdai Crescas (1340–1410/11)

- *Sefer Nizzachon* (»Buch der Widerlegung«) aus dem Rheinland (13. oder 14. Jahrhundert
- *Chisuk Emuna* (»Stärkung des Glaubens«) von Isaac ben Abraham von Troki, (1593)

Gerschom Scholem (1897–1982) berichtete von Profiat Duran: dieser meinte, Jesus und seine Schüler seien nicht nur große Magier gewesen, sondern wirkliche Kabbalisten, die einem Trugschluss unterlagen: »Die Lehre von der Trinität, die sie irrigerweise in der Gottheit annehmen, ist bei ihnen aus ihrem Fehlgehen in dieser Wissenschaft entstanden, die das Urlicht, das strahlende Licht und das durchsichtige Licht statuierte.«[29] Profiat Duran verstand Jesus quasi als einen irregeleiteten Enthusiasten.

Das »Alte Buch der Polemik«, *Sefer Nizzachon Jaschan (Vetus)*, entspricht einer Sammlung jüdischer Reaktionen auf die christliche Polemik und dürfte Ende des 13. oder Anfang des 14. Jahrhundert zusammengestellt worden sein. Der anonyme aschkenasische Verfasser führt christliche Zeugnisse an, auf die jüdische Erwiderungen folgen. David Berger, der diese Abhandlung herausgegeben und ins Englische übersetzt hat, bezeichnet diese Anordnung als geradezu enzyklopädisch. Sie war so auch ein nützliches Hilfsmittel für Juden, die sich auf Disputationen mit Christen einlassen mussten. Der Autor widerlegt die Evangelien dabei mit beachtlicher theologischer und latinistischer Kompetenz.[30] Mit dem *Sefer Nizzachon* verbinden sich auch Rache- und Erlösungsgedanken, etwa wenn es das Hereinbrechen des Messianischen schildert. »Dieses [d. i. das letzte] Ende besteht in der völligen Vernichtung sämtlicher Völker samt ihren himmlischen Fürsten und Göttern […] Der Heilige, gelobt sei Er, wird alle übrigen Völker vertilgen, nur Israel [wird bestehen bleiben].«[31] Israel Yuval beschreibt, wie die mittelalterlichen Juden die liturgische Sprache der Gegenseite in Gebrauch nehmen, um ihre entgegengesetzte Position sowohl bestätigend nach innen als auch provokativ nach außen zu verkünden. Er setzt dazu das *Te Deum* mit dem *Aleinu* in Beziehung: Das christliche Gebet preist Jesus als »König der Herrlichkeit« *(rex gloriae)* und verkündet seine Fleischwerdung, wobei der Leib der heiligen Jungfrau nicht entweiht worden sei; dagegen enthalte der Zusatz zum *Aleinu*, der im 12. Jahrhundert in französisch-jüdischen Gebetbüchern zu finden ist, scharfe Beschimpfungen von Jesus und Maria.[32]

Christliche Talmudkritik und Zensur

Auf kirchlicher Seite kam es im Mittelalter zu einer Verschärfung der christlichen Polemik. Mit dem Aufkommen der Bettelorden im 13. Jahrhundert entwickelten sich auch neue Methoden der Judenmission. Die Argumentationsgänge wurden in öffentlichen Streitgesprächen erprobt und waren von der Ansicht beherrscht, dass man die *veritas christiana* aus der rabbinischen Traditionsliteratur heraus belegen könne. In diesem Zusammenhang kamen auch Messiasvorstellungen und das jüdische Jesusbild zur Sprache.

Ora Limor betont, dass sich die Argumentation nun nicht mehr auf die Bibel beschränkte, sondern dass auch der Talmud mit einbezogen wurde. Was die Christen am Talmud ärgerte, war allerdings nicht dessen halachische Komponente, sondern das haggadische Material. Die christlichen Kritiker lasen daraus Ketzereien, Verstöße gegen die Heiligkeit Gottes sowie mutmaßliche Verunglimpfungen des Christentums;

sie verstanden den Talmud zudem als irrige Auslegung der Bibel und damit als Wurzel des jüdischen Irrglaubens schlechthin.[33]

Um 1200 setzte eine allgemeine kirchliche Zensur hebräischer Handschriften ein. Jüdische Literatur wurde dabei den Schriften so genannter Ketzer gleichgestellt. Nach 1230 setzten dann christliche Prediger wie der Franziskaner Berthold von Regensburg (1210–1272) oder der Lyriker Konrad von Würzburg (1220 oder 1230–1287), der in der Literatur immer noch (!) als »Meister Konrad« bekannt ist, die Juden mit den Ketzern gleich: Da Juden am Talmud festhielten, seien sie alle zur Hölle verdammt. Der Vorwurf der Gotteslästerung führt schließlich zu einem Feldzug gegen die rabbinische Literatur an sich. 1239 zeigt der getaufte Jude Nikolaus Donin (Lebensdaten unbekannt) den Talmud bei Papst Gregor IX. (1167–1241) an, worauf der Papst von den Königen von England, Frankreich, Portugal und Kastilien verlangt, dass sie alle Talmudexemplare konfiszieren und diejenigen christlichen Geistlichen, die hebräische Literatur behielten, exkommunizieren. Tatsächlich folgte nur Ludwig IX. (1214–1270) von Frankreich dieser Aufforderung; zur Klärung der Vorwürfe initiierte er 1240 in Paris zudem eine öffentliche Disputation, bei der Rabbi Jechiel ben Josef unter anderem anführte, die talmudische Polemik beziehe sich zwar auf (einen) Jesus, der Schüler von Joshua ben Perahyah war, »jedoch nicht auf Rabbi Jesus von Nazareth, der sicherlich die Tora nicht verworfen hat«. Die Argumentation der Rabbiner konnte nicht verhindern, dass am 29. September 1242 in Paris 24 Wagenladungen mit mehreren 10.000 Talmudbänden öffentlich verbrannt wurden. Die Talmudverbrennung gilt als eines der größten Kulturverbrechen des christlichen Mittelalters.

Rabbi Meir ben Baruch von Rothenburg wurde ihr Zeuge und verfasste daraufhin ein Klaglied: »Frage, Du im Feuer verzehrte, nach dem Frieden Deiner um Dich Trauernden«. Dieses Klagelied wird seitdem nach deutschem Ritus alljährlich am Trauertag der Zerstörung des Tempels vorgetragen.

1244 bekräftigte dann Papst Innozenz IV. (1195–1254), dass Gottes, Jesu und Mariä im Talmud gelästert würde, dass die mündliche Lehre das biblische Gesetz, das bereits auf Jesus verweise, verfälschte und die Juden dazu erziehe, sich der wahren Lehre der Kirche zu verweigern. Auf die jüdische Stellungnahme hin, dass der Talmud für Juden für das Verständnis der Hebräischen Bibel aber unverzichtbar sei, setzte der Papst eine Expertenkommission von 40 christlichen Gelehrten ein (darunter auch Albertus Magnus, 1200–1280), die den Talmud aufs Neue verurteilten.

Die bekanntesten mittelalterlichen Disputationen neben der zu Paris (1240) sind die von Barcelona (1263) und Tortosa (1413/14). Mit Blick auf das jüdische Jesusbild ist besonders die Haltung interessant, die der Bibelkommentator Nachmanides (1194–1270) in Barcelona einnahm. In seinem Protokoll heißt es: »Infolgedessen kamen wir überein, zuerst über das Problem des Messias zu reden, ob er schon gekommen sei, wie die Christen glauben, oder ob er noch kommen werde, wie die Juden glauben. Danach wollten wir besprechen, ob der Messias wahrhaftiger Gott oder ganz und gar Mensch sei, von einem Mann und einer Frau hervorgebracht. Sodann wollten wir besprechen, ob die Juden am wahren Gesetz festhielten oder ob die Christen es praktizierten.«[34]

Infolge der Disputationen kam es zu fortgesetzten Zensurmaßnahmen und zur Konfiszierung und Verbrennung des Talmuds durch die Päpste, die französischen Könige und die Inquisition. Diese umfassende Ablehnung des Talmuds und die damit verbundene Inkriminierung führte auf jüdischer Seite schließlich zu einer Art Selbstzensur der beanstandeten Stellen (in der Regel Bemerkungen zum Römischen Reich, zum römisch-griechischen Heidentum, Passagen über den Übertritt zum Christentum oder über die Samaritaner). Im ältesten gedruckten Talmud (Venedig 1523) steht nichts von Jesus. Von der Basler Talmudausgabe (1578-80) an wurden all diejenigen Passagen im Babylonischen Talmud, in denen Jesus erwähnt wurde oder die mit dem Christentum in Verbindung gebracht werden konnten, gelöscht. Diese gelöschten Textstellen wurden später wiederum in besonderen Sammlungen aufgeführt.[35] Eine durchgängige Wiederherstellung des unzensierten Talmudtextes geschah in Europa erst in den wissenschaftlich-kritischen Ausgaben zu Beginn des 20. Jahrhunderts.

Auch evangelische Theologen taten sich in der Neuzeit mit dem Talmud schwer. Für Johann Jacob Rabe (1710–1798), der die Mischna um 1760 ins Deutsche übersetzte, war das lange Leiden der Juden eine Strafe für ihre Ablehnung des Gottessohnes und für die Verweltlichung und »Verdunkelung« der göttlichen Gebote der Bibel durch das »pharisäische Judentum«.[36]

Der historische Jesus seit der frühen Neuzeit

Jesus und die jüdische Aufklärung

In der frühen Neuzeit kam es zu einer ersten Annäherung von Juden und Christen. Rabbiner Jacob Emden (1697–1776) meinte, Jesus habe seine Botschaft nicht an das jüdische Volk gerichtet, sondern ausschließlich an die Völker, um diese zum Einhalten der Noachidischen Gebote zu bewegen. Er schrieb: »Anders als die Karäer und die Sabbatianer gehören Christen und Muslime zur Kategorie einer Gemeinschaft, die um des Himmels willen besteht, die am Ende bestehen bleiben wird. Sie haben sich aus dem Judentum heraus entwickelt und akzeptieren die Fundamente unserer göttlichen Religion, um Gott unter den Völkern bekannt zu machen, um zu verkündigen, daß es einen Herrn des Himmels und der Erde gibt, göttliche Vorsehung, Belohnung und Bestrafung, der die Gabe der Prophetie verleiht und durch die Propheten Gesetze und Regeln vermittelt, nach denen wir leben sollen [...] Deshalb wird ihre Gemeinschaft überdauern; weil ihre Bemühungen auf den Himmel ausgerichtet sind, wird ihnen die Belohnung nicht vorenthalten werden.«[37]

Der Wegbereiter der jüdischen Aufklärung, der Philosoph Moses Mendelssohn (1729–1786), wandte sich dezidiert gegen die *Toldot Jeschu* und schrieb: »Jesus von Nazareth hat selbst nicht nur das Gesetz Mosches, sondern auch die Satzungen der Rabbinen beobachtet, und was in den von ihm aufgezeichneten Reden und Handlungen dem zuwider zu sein scheint, hat doch in der Tat nur dem ersten Anblick nach diesen Schein.

Genau untersucht, stimmt alles nicht nur mit der Schrift, sondern auch mit der Überlieferung völlig überein.«[38]

Im Zuge der Aufklärung und der jüdischen Emanzipation konnte die apologetisch-polemische Position zugunsten einer konstruktiven Auseinandersetzung überwunden werden. Der französische Arzt Joseph Salvador (1796–1873) legte 1838 die erste jüdische Jesus-Monographie vor.[39] Im Rahmen der aufkommenden Wissenschaft des Judentums eröffnete Isaak Markus Jost (1793– 1860) durch seine anerkennende Einordnung Jesu in seiner »Geschichte der Israeliten« einen Weg, der im 19. und 20. Jh. vor allem von liberalen jüdischen Denkern beschritten wurde.

Die christliche Leben-Jesu-Forschung – Eine Abkehr vom Dogma[40]

Doch auch auf christlicher Seite stand ein epochaler Perspektivwechsel bevor: die Frage nach dem historischen Jesus und seiner Umwelt. Es waren Hermann Samuel Reimarus (1694–1768) und David Friedrich Strauß (1808–1874), die sich als erste dem zuwandten. Reimarus, der Professor für orientalische Sprachen in Hamburg war, machte seine Ansichten über das Christentum selbst nicht publik. Fragmente seiner Arbeiten wurden von Gotthold Ephraim Lessing zwischen 1774 und 1778 posthum veröffentlicht, darunter 1778 »Von dem Zwecke Jesu und seiner Jünger«.[41] Reimarus postuliert darin, dass es einen tiefgreifenden Unterschied zwischen dem gebe, wer Jesus wirklich war, und dem, was seine Jünger über ihn verkündeten. Jesus selbst, so Reimarus, habe sich als jüdischer Messias verstanden, als politisch motivierter Königsanwärter, der die Befreiung der Juden von den Römern als Beginn der Königsherrschaft Gottes verkündigt habe. Erst seine Jünger hätten ihn zum Erlöser der Menschen von ihren Sünden gemacht und ihn als Gründer des Christentums dem Judentum entgegengesetzt.

Die Suche nach dem historischen Jesus wurde von David Friedrich Strauß fortgeführt, der bereits im Alter von 28 Jahren sein Monumentalwerk »Das Leben Jesu, kritisch bearbeitet«[42] veröffentlichte, in dem er zwischen der historischen Person des Jesus von Nazareth und dem Christus des Glaubens unterschied. Er meinte zwar, die Grundzüge der historischen Gestalt klar erkennen zu können, befand aber auch, dass sie von der »absichtslos dichtenden Sage« des Mythos verhüllt sei. Obwohl er diesen Mythos als positiv begriff, nämlich als Ausdruck der Idee einer Einheit von Gott und Mensch, erschütterte seine Schrift von 1835 Theologie und Kirche. David Friedrich Strauß wandte Jesu Leben geradezu gegen das Dogma der Kirche. Die Kritik am Dogma seiner Zeit sei mit Jesu Geschichte eng verbunden. Nun helfe gerade diese Kritik, die Jesus zu Lebzeiten geübt habe, um Jesus vom Dogma der Kirche zu befreien.

Strauß wurde zwar 1839 als Professor der Theologie nach Zürich berufen, arbeitete wegen des Widerstands konservativer Kirchenkreise aber lieber weiterhin als freiberuflicher Schriftsteller. Eine neue, »für das Volk bearbeitete« Ausgabe des »Leben Jesu« (1864) wurde in mehrere europäische Sprachen übersetzt. Mit ihr verbreitete sich auch die Frage, was wir denn von Jesus wissen können.

Besonders Strauß' Kollegen und Schüler, unter ihnen Ferdinand Christian Baur (1792–1860) und Eduard Gottlob Zeller

(1814–1908) wandten die Methoden ihres Lehrers weiter an und bildeten die Basis der so genannten »Tübinger Schule«, die die historisch-kritische Methode ausbaute und verbreitete. Unter diesen Theologen sind auf katholischer Seite Johann Sebastian von Drey (1777–1853) und Johann Adam Möhler (1796–1838) zu nennen[43]. Bei diesen Theologen spielt immer wieder der Begriff des »Mythos« eine große Rolle – berühmt gemacht hat ihn allerdings ein Theologe des 20. Jahrhunderts, der sich ganz der »Entmythologisierung« des Neuen Testaments gewidmet hat: Rudolf Bultmann (1884–1976). Der Begriff des »Mythos« spielt aber auch in der Auseinandersetzung zwischen Adolf von Harnack und Leo Baeck (1872–1956) eine entscheidende Rolle, hierauf wird noch detailliert eingegangen.

Als interessante Figur in dieser Reihe ist auch einer zu nennen, der sich auf seine Art der Leben-Jesu-Forschung widmete: der dritte Präsident der Vereinigten Staaten, Thomas Jefferson (1743–1826). 1895 publizierte das National Museum Washington posthum sein Werk »The Life and Morals of Jesus of Nazareth. Extracted textually from the Gospels in Greek, Latin, French and English«, in dem er u. a. die Wiederauferstehung Jesu, also den zentralen Glaubensgrund für das Christentum, als »Aberglauben« abtat. Bereits der Titel dieses Werks zeigt deutlich die textkritische Herangehensweise Jeffersons auf.

Für die christliche Theologie wie für das Judentum war es durchaus neu, als sich im Zuge der Aufklärung die Einsicht durchsetzte, Geschichte als dynamisches Geschehen sei der menschlichen Beurteilung unterworfen (Karl Mannheim)[44]. So erkannte Ernst Troeltsch (1865–1923), dass auch Religion geschichtlich bedingt und damit relativ sei[45]. Das mache die Wahrscheinlichkeitsurteile der historischen Kritik auf sie anwendbar, mit Hilfe der Methoden von Analogie und Korrelation: Alles historische Geschehen sei prinzipiell gleichwertig und historische Ereignisse stünden in einer Wechselwirkung zueinander. Trotzdem müsse Religion von absoluten Werten ausgehen. Paul Tillich (1886–1965), einer der bedeutendsten Theologen des 20. Jahrhunderts, hat später die Methode der Korrelation zum zentralen Arbeitsmittel der systematischen Theologie erhoben.[46]

Sören Kierkegaard (1813–1855) hatte schon weit vorher in den »Philosophischen Brocken«[47] den Schluss gezogen, dass der Anspruch ewiger Seligkeit nicht begründet werden könne, da alles Historische relativ sei. Trotzdem lebe der Christ in der Hoffnung auf genau das. Aus diesem Paradox, so Kierkegaard, lebe der christliche Glaube. So bekundet er in der »Unwissenschaftlichen Nachschrift«, dass die historisch-kritische Methode für die Theologie nur von relativer Bedeutung sein könne. Das greift auf eine Einsicht zurück, die bereits Gotthold Ephraim Lessing (1729–1781) in »Über den Beweis des Geistes und der Kraft«[48] formuliert hatte: Zufällige Geschichtswahrheiten können nicht der notwendige Beweis für Vernunftwahrheiten sein. Deshalb hätten ihn Jesu Lehren zum Glauben gebracht, nicht aber seine Taten und Wunder.

Das historische Bewusstsein hatte für eine begrenzte Zeit gravierende Auswirkungen auf die Wahrnehmung Jesu. Wie Lessing war auch Adolf von Harnack (1851–1930) 150 Jahre später der Überzeugung, dass das Zeitbedingte Jesu verfalle, das Überzeitliche seiner Botschaft jedoch bliebe.[49]

Über die Erkenntniskraft der Leben-Jesu-Forschung für den christlichen Glauben urteilt Albert Schweitzer (1875–1965),[50] auf Jesus werde je neu das Idealbild einer Generation über den

Menschen projiziert. Wenn man versuche, den historischen Jesus als Lehrer und Heiland in die Gegenwart hineinzustellen, gehe er aber in Wirklichkeit an unserer Zeit vorüber und kehre in die seine zurück. So sei also der historische Jesus gar nicht zu erheben. Diese Unverfügbarkeit des historischen Jesus und die beständige Auseinandersetzung zwischen historischer und dogmatischer Methode bilden den Rahmen der neuzeitlichen christlichen Auseinandersetzung mit dieser Gestalt. Es ist die Kritik der so genannten »liberalen« christlichen Theologie am Dogma, die das Leben Jesu spannend macht. Das schafft Berührungspunkte mit dem Judentum als Umfeld und Heimat Jesu. Etwa wenn Johannes Weiss (1863–1914) in »Die Predigt Jesu vom Reiche Gottes«[51] in der Nachfolge Albrecht Ritschls (1822–1889)[52] das Reich Gottes als immanente sittliche Aufgabe beschreibt. Oder wenn Ernst Käsemann (1906–1998)[53] lehrt, Bedeutung für den christlichen Glauben habe einmal das historische »dass« der Existenz Jesu, unlösbar verbunden sei damit aber auch die Frage nach dem »wie«. Durch diesen historischen Erkenntnisprozess, so bereits Wilhelm Herrmann (1846–1922)[54], nähme man dem christlichen Glauben seine falschen Stützen. Gemeinsam mit Martin Kähler (1835–1912)[55] beurteilt er die Bedeutung des historischen Jesus dennoch vorsichtig. Denn man besitze im Grunde nur Glaubenszeugnisse auf der Folie des Auferstehungsgeschehens. Das mache es sehr schwer, den historischen Jesus überhaupt zu erheben. Ähnlich sieht das Käsemanns Lehrer Rudolf Bultmann mit seiner existentialen Interpretation.[56] Zum historischen Jesus führe kein Weg. Der kerygmatische Christus allein sei wesentlich, d.h. das, was über Jesus durch die christlichen Kirchen verkündigt und bezeugt werde. Dahinter solle man nicht fragen, denn im Glauben gebe es sowieso keine objektive Sicherheit. Es war Gerhard Ebeling (1912–2001)[57], einer der wichtigsten Vertreter der *hermeneutischen Theologie*, der eine Neubesinnung auf den historischen Jesus für die Christologie der Kirche als wichtig erachtete. Zeit seines Lebens sei Jesus ein Glaubenszeuge gewesen und als Glaubender verbinde Jesus die Christenheit mit dem historischen Judentum seiner Zeit und dessen Wirkungsgeschichte. Durch die Auferstehung werde aus dem Glaubens*zeugen* auch ein Glaubens*grund* für die Kirche, der dem christlichen Glauben Form und Maßstab gebe.

Dem bedeutenden katholischen Konzilstheologen Hans Küng (*1928) ist beides zunächst wichtig, die Wirkungsgeschichte und der historische Jesus. Für ihn setzt die Wirkungsgeschichte schon vor dem historischen Jesus ein: »Weil die Menschwerdung in Gottes Ratschluß von Ewigkeit wirkkräftig beschlossen war, konnte sie schon vor ihrem historischen Wirklichwerden ihre erlösende Kraft ausstrahlen lassen.«[58] Dadurch misst er der historischen Person Jesu hohe Bedeutung bei. Die Kritik Küngs an den früheren Anliegen der Leben-Jesu-Forschung bezieht sich auf den oft anachronistischen Zugang zu den Quellen, die ja nie Geschichtsschreibung sein wollten, sondern Glaubenszeugnisse. Diese Ahistorizität der Quellen ist aber kein Grund für Küng, sie nicht in der Frage nach dem historischen Leben Jesu zu betrachten: »Denn wenn diese auch nicht einfach Berichte *sind*, so enthalten sie doch Berichte und gründen in Berichten vom wirklichen Jesus.«[59] So ist für Küng eine strikte Trennung des »historischen« Jesus und des »geglaubten« Jesus letztlich bei der Frage danach, wer Jesus ist und war, nicht zielführend. Das Zentrum der Christologie von Karl Rahner (1904–1984) ist das Verständnis Jesu als »Realsymbol«[60], dessen Menschsein als Selbst-Ausdruck Gottes in der Geschichte betrachtet werden müsse. Während Küng eine Christologie »von unten« vertritt, vertritt Rahner eine »Christologie von oben«.

Küngs Position einer bedingten Gleichwertigkeit von historischem Jesus und geglaubtem Christus finden wir auch in der Theologie des heutigen Kurienkardinals und Präsidenten des Päpstlichen Rates zur Förderung der Einheit der Christen, Walter Kaspar (* 1933). In seinem 1974 erschienenen Buch »Jesus der Christus« stärkt er den Anspruch der Leben-Jesu-Forschung, betont aber auch die Frage nach deren »theologischer Relevanz«.[61] Diese Frage nach der theologischen Relevanz aus christlicher Perspektive verstellt aber oft den Blick auf die historische Person.

Für die alte Kirche und ihre auf der Trinitätslehre basierende Inkarnationschristologie war das Wunder die menschliche Natur Jesu. Seit der Neuzeit wird die göttliche Natur Jesu zum Gegenstand der Nachfrage. So befinden sich innerhalb der christlichen Betrachtung Jesu zwei Modi im Widerstreit: Geht es der genannten »Christologie von unten« um die Gestalt Jesu und sein historisches Umfeld, konzentriert sich die »Christologie von oben« auf die Inkarnation: wie Gott als Gott sich dem Menschen zugewandt habe. Diese Christologie setzt das Gottsein Jesu schon voraus, um eine Versöhnung zwischen Gott und Mensch zu erreichen, von der das Judentum lehrt, sie sei schon immer von Gott gewährt worden. Besonders konsequent denkt Wolfhart Pannenberg (* 1928) von der Auferstehung als historisches Geschehen her und betont damit, Jesus erhalte seine Autorität für das Christentum erst durch sein Erlöserhandeln.[62]

Die Wirkungsgeschichte dieses Ereignisses enthülle fortlaufend seine Rolle für die Menschheit. Dadurch erhalte die Geschichte ihren Sinn erst rückwirkend und spreche den historischen Fakten ihre eigentliche Bedeutung zu. Um den Weg Jesu in der Welt zu verfolgen, müsste man den Standpunkt Gottes einnehmen. Der Mensch in seiner Beschränkung sei aber dazu gar nicht in der Lage. Es ist diese Position, die auch für das Jesusbild Benedikt XVI. zuzutreffen scheint.[63] Zwar könne die historisch-kritische Herangehensweise an Jesu Leben das Umfeld seiner irdischen Existenz beleuchten. Die Bedeutung Jesu als Christus und die wahre Interpretation der Bibel in ihren beiden Teilen könne jedoch nur rückwirkend – aus dem Glauben heraus – erfolgen. Es ist diese Herangehensweise, die den historischen Jesus vollends hinter den Vorhang des Christus verschwinden lässt, wie er von der Kirche verkündigt wird. Damit trennt man die Person endgültig von der Funktion: als Idealtypus einer Gott wohlgefälligen Menschheit (Immanuel Kant[64]), als Fleischwerdung der Idee von der Einheit göttlicher und menschlicher Natur (Hegel), als Gewissheit und sinnliche Wahrnehmbarkeit der Einheit von Gott und Mensch (D.F. Strauß[65]), als Exempel mit einheitsstiftender Wirkung (Falk Wagner, 1939–1998[66]), oder als das neue Sein. Denn das Sein brauche das Beispiel, dass die Entfremdung des Menschen von Gott prinzipiell überwunden werden kann (Paul Tillich[67]). Alois Emanuel Biedermanns (1819–1885) spekulative Theologie spricht davon, dass Jesus die historische Offenbarung des Erlöserprinzips sei.[68] Eine solche Betrachtung Jesu lässt allerdings seine Botschaft in den Hintergrund treten, die die Änderung menschlichen Handelns zum Anliegen hat. Es ist diese Tendenz, die wir in beinahe jeder Position der beiden großen christlichen Traditionen bisher wiedergefunden haben. Der Ursprung der Leben-Jesu-Forschung im 19. Jahrhundert war durchaus von den durch die Aufklärung aufkommenden Rationalitätsbemühungen geprägt. Es ging um eine tatsächliche Annäherung an den historischen Jesus. Dieses anfängliche Bemühen wurde mit der Zeit durch Fragen nach Heilsgeschehen und Heilsbedeutung immer mehr in den Hintergrund gedrängt. Die logische Folge ist eine Geringachtung der Erträge der christlichen Leben-Jesu-Forschung in wesentlichen Teilen der christlichen Theologie.[69] Besonders eindrücklich wird dies durch die Haltung der Kirchen während des »Dritten Reiches« und der Schoa. Nach dem II. Weltkrieg muss man die Auseinandersetzung mit der Person Jesu im Rahmen einer größeren Bewältigungsstrategie der im Holocaus auf sich geladenen Schuld verstehen. Das Interesse an Jesus als historischer Person zielte im Wesentlichen auf eine Verbesserung der Beziehungen zwischen den Kirchen und dem Judentum.

Im Zuge der Befreiungstheologie eines Leonardo Boff (* 1938) und einer Dorothee Sölle (1929–2003) gab es nach 1970 Bemühungen, Jesus als politische Figur zu sehen: als »Revolutionär«, der sich in seinem Leben und seinen Lehren ganz und gar abhob von seiner damaligen Umwelt. Dass gerade dies nicht der Fall war, ist aber der Ertrag der christlichen Leben-Jesu-Forschung des 19. Jahrhunderts. Vor allem aber ist es das Ergebnis der jüdischen Leben-Jesu-Forschung, die wir im folgenden Kapitel verfolgen.

Abschließend kann man sagen, dass Jesus als historische Person in der christlichen Theologie keine nachhaltige Wirkung entfaltet hat. Daran hat auch das II. Vatikanische Konzil der katholischen Kirche nichts geändert.

Die evangelischen Kirchen haben in der zweiten Hälfte des 20. Jahrhunderts eine sehr viel engere Beziehung zum Judentum aufzubauen vermocht und in eindeutigen Erklärungen ihr Nahverhältnis zum Judentum verdeutlicht. Dessen ungeachtet weisen evangelikale Strömungen aber auf das Trennende hin, das die Person Jesu für Judentum und Kirche bedeuten muss. Es besteht nämlich ein grundlegender Widerspruch zwischen dem Anliegen gerade erweckter Christen, ein persönliches Glaubensverhältnis zu demjenigen aufbauen zu wollen, dessen realen Lebensumständen so wenig Bedeutung beigemessen wird.
So muss festgestellt werden: Christliche Theologen studierten Jesu Leben im Grunde nie, ohne auch seine Heilsbedeutung als Zentralfigur des christlichen Glaubens im Blick zu haben. Das ist ihnen nicht zu verdenken. Es ist das Verdienst der jüdischen Leben-Jesu-Forschung, diesen Schleier von uns zu nehmen.

Die jüdische Leben-Jesu-Forschung als Heimholung Jesu ins Judentum

William Horbury, Professor of Jewish and Early Christian Studies der Universität Cambridge und Fellow des Corpus Christi College, ist Verfasser des Eintrags »Jesus Christus in der Sicht des Judentums« in RGG. Er beschreibt die jüdische Position markant: »Es gibt kein einheitliches Bild von Jesus Christus; man kann das Judentum darstellen, ohne ihn überhaupt zu erwähnen. Aus der Antike sind nur wenige talmudische und andere jüdische Berichte über Jesus erhalten. Später befassen sich mittelalterliche Verfasser, oft in apologetischem Kontext, intensiver mit ihm. Schließlich haben moderne jüdi-

sche Forscher wichtige Einsichten zur → ›Leben-Jesu-Forschung‹ beigetragen.«[70]
Beim Stichwort »Leben-Jesu-Forschung« macht Horbury einen Verweispfeil zu Markus Schröders gleichnamigem Artikel.[71] Dort wäre mehr über diejenigen Juden zu erfahren, die sich mit Jesus beschäftigt haben. Aber die Lektüre enttäuscht. Schröder entfaltet die Leben-Jesu-Forschung von Reimarus bis Harnack, von Bultmann bis Theißen. Aber keiner der jüdischen Forscher der letzten zweihundert Jahre findet namentliche Erwähnung. Kann es sein, dass die Auseinandersetzung des modernen Judentums mit Jesus so unbedeutend gewesen ist? Oder wird der jüdische Beitrag zur Leben-Jesu-Forschung so gering erachtet, dass er aus christlicher Sicht keine Erwähnung verdient?
Es gibt sie nämlich, diese jüdischen Denker, die sich mit Jesus beschäftigt haben: Abraham Geiger, Joseph Klausner, Leo Baeck, Claude G. Montefiore, Robert Eisler, Joel Carmichael, Martin Buber, Schalom Ben-Chorin, Hans-Joachim Schoeps, Pinchas Lapide, David Flusser, Ben Zion Bokser, Robert Raphael Geis, Samuel Sandmel, Hyam Maccoby, Ernst Ludwig Ehrlich, Michael Wyschogrod, Jacob Neusner. Dies sind nicht einmal alle Namen derjenigen, die man hier aufführen muss, wenn man die neuzeitliche Beschäftigung des Judentums mit Jesus darstellt.
Es ist die Geschichte einer seit dem 19. Jahrhundert zu beobachtenden »Heimholung Jesu« in das Judentum: als exemplarischen Juden, als mahnenden Propheten, als Revolutionär und Freiheitskämpfer, als Großen Bruder und messianischen Zionisten.[72] Den Anstoß dafür gaben Julius Wellhausen (1844–1918) und die historisch-kritische Bibelwissenschaft. Wellhausen hat

den Satz formuliert, an dem sich Christen wie Juden in der Folge abgearbeitet haben: Jesus war kein Christ, er war Jude!
Dieser Satz muss für jüdische Rezipienten des 19. Jahrhunderts ganz erstaunlich gewesen sein – er traf auf eine Gemeinschaft, die im Zuge der Aufklärung nach bürgerlicher Gleichstellung strebte und sich dabei durch die Idee vom »christlichen Staat« behindert sah. Diese jüdische Beschäftigung mit der zentralen Figur des Neuen Testaments ist nicht grundsätzlicher Natur gewesen. Sie erfolgte aus einem apologetischen Impuls: dem Wunsch nach Teilhabe an der allgemeinen Gesellschaft ohne Aufgabe der eigenen, der jüdischen Identität. Wie gut also, dass Jesus selbst Jude war.
Abraham Geigers (1810–1874) Beschäftigung mit dem jüdischen Jesus und mit dem Christentum ist der Entwurf einer Gegengeschichte. Polemisch im Ton zeigt er Juden des 19. Jahrhunderts auf, warum sie dem Judentum weiter treu bleiben sollten, statt im Christentum eine höhere Stufe religiöser Entwicklung erkennen zu wollen, die das Judentum angeblich nie erreicht habe. So steht Geiger am Anfang einer jüdischen Leben-Jesu-Forschung, die zu einer angemessenen religionsgeschichtlichen Würdigung der jüdischen Quellen auffordert. Gerade in der ureigensten Domäne der christlichen Theologie, der Interpretation der Gestalt Jesu, sollten Juden als maßgebliche Partner bei der Erforschung des Frühjudentums wahrgenommen werden. Christlicherseits wurden die Beiträge der jüdischen Jesusforschung jedoch nicht als heilsame Infragestellung der eigenen Vorurteile oder vielleicht als Gesprächsangebot empfunden, sondern als Anmaßung.
In seinem Werk »Das Judentum und seine Geschichte« von 1863 zeichnet Abraham Geiger ein Bild von Jesus als einem

der einflussreichsten Pharisäer seiner Zeit.⁷³ Geiger zufolge zeichnete Jesu Reden und Handeln nichts Einzigartiges und Originelles aus. Vielmehr ließ sich die Gesamtheit seiner Lehren im pharisäischen Schrifttum wieder finden. Die frühen Christen dagegen seien aufgrund sadduzäischer Einflüsse und der Aufnahme heidnischer Elemente aus der griechisch-römischen Welt von seinem Glauben und seiner Lehre abgewichen. Geigers Entwurf von Jesus als Pharisäer und dem Christentum als Verrat an Jesu jüdischem Glauben wurde für das moderne Judentum zum beliebten Erklärungsmodell über die christlichen Ursprünge und lieferte zugleich eine Verteidigungsposition gegen die christliche Annahme, dass das Judentum nur eine überlebte Form auf dem Weg zum Christentum sei. In ihrer Wirkung bedingen sich dabei Judentum und Christentum bei Geiger: Es gibt keinen christlichen Glauben ohne das Judentum, und die Bedeutung des Judentums für die westliche Zivilisation hängt letztlich vom Erfolg seiner »Tochterreligionen«, des Christentums und des Islam, ab.

Leo Baeck und Adolf von Harnack – Die Kontroverse

Im Jahr 1900 veröffentliche Adolf von Harnack (1851–1930) in Leipzig seine sechzehn Vorlesungen an der Berliner Friedrich-Wilhelm-Universität über das »Wesen des Christentums«, die er im Wintersemester 1899/1900 gehalten hatte und die unglaubliche Aufmerksamkeit erregten. »Was ist das Christentum?« – diese Frage versucht Adolf von Harnack mit den Mitteln der Geschichtswissenschaft zu beantworten, aber auch mit der Lebenserfahrung, die aus erlebter Geschichte erworben ist.⁷⁴ Laut Harnack gehen die »Mittel [...] der geschichtlichen Wissenschaft [...] mit der Lebenserfahrung, die aus erlebter Geschichte erworben ist«, eine besondere Verbindung ein. Die historische Methode ist deshalb das geeignete Mittel, um das moderne Bewusstsein zu einem Verständnis seiner selbst zu führen, denn »was wir sind und haben – im höheren Sinn –, haben wir aus der Geschichte und an der Geschichte, freilich nur an dem, was eine Folge in ihr gehabt hat und bis heute nachwirkt.«[75] Für den Historiker stellt sich damit als »höchste Aufgabe, ...das Wertvolle und Bleibende festzustellen, ...das Wesentliche zu ermitteln«.[76] Das schließt den Gedanken ein, dass aus einer »rein geschichtlichen Betrachtung« keine »absoluten Werturteile« abstrahiert werden können, weil diese immer auch »subjektive Tat« sind.[77] Die so definierte geschichtswissenschaftliche Methode setzt Harnack auch beim Christentum selbst an. Die »Substanz« des Christentums aber ist »Jesus Christus und sein Evangelium«, dessen »Wesen« als historische Persönlichkeit wiederum nur aus seinem historischen Einfluß rekonstruiert werden kann.[78] Das Evangelium enthält »immer Gültiges in geschichtlich wechselnden Formen« und zugleich auch das Kriterium, anhand dessen dieses »immer Gültige« definiert werden kann – »das Evangelium im Evangelium«.[79] Harnacks Rückbezug auf die schöpferische Kraft der Persönlichkeit Jesu zum Zweck der historischen Bestimmung des Wesens des Christentums ist auch ein Ausdruck der Verbindung zwischen Persönlichkeit und geschichtlicher Entwicklung, die für sein Geschichtsverständnis grundlegend ist.[80] Darauf beruht auch die auf die Herausbildung von Dogmen bezogene systematische Entfaltung seiner These, das Dogma sei ein Produkt der Hellenisierung des Evangeliums.[81] Wenn das undogmatische Christentum der Verkündigung des Evangeliums durch Jesus den ursprünglichen Kern des Christentums bildet, muss andererseits auch das *kreative* Element im Auftreten Jesu gesehen werden, insofern es den Rahmen seiner Zeit sprengte.[82] Das Judentum zur Zeit Jesu wird daher nicht in seinen eigenen Zusammenhängen dargestellt, sondern primär als eine überholte, obsolet gewordene Vorstufe des Christentums, die zur rein rhetorischen Antithese zu verkommen droht: denn der Monotheismus war schon in der Frömmigkeit des Alten Testaments »längst aufgerichtet«. Ein Beweis dafür ist in Harnacks Augen der »kraftvolle und tiefe religiöse Individualismus« des Psalmisten. So findet sich der Inhalt der Verkündigung Jesu bereits in den Aussagen der Propheten, in denen die jüdische Überlieferung bis in seine Zeit bewahrt wurde, und sogar bei den Pharisäern. Doch – und an dieser Stelle zitiert Harnack Wellhausen: Die Pharisäer »hatten leider noch sehr viel anderes daneben… Alles stand bei ihnen auf einer Fläche… Die reine Quelle des Heiligen war zwar längst erschlossen, aber Sand und Schutt war über sie gehäuft worden, und ihr Wasser war verunreinigt. Daß nachträglich Rabbinen und Theologen dieses Wasser destillieren, ändert, selbst wenn es ihnen gelänge, nichts an der Sache.«[83] Obwohl bereits die Pharisäer das zentrale Gebot der Gottes- und Nächstenliebe gepredigt hatten, blieb ihre Verkündigung wirkungslos, weil sie »schwächlich, darum schädlich« war. Historische Stoßkraft habe diese Verkündigung erst von der »Kraft der Persönlichkeit Jesu« her erhalten.[84] Von ihr leitet sich die »Souveränität des Evangeliums« ab, gilt es doch dem »inneren Menschen«, der von allen historischen Veränderungen unberührt bleibt.[85] Durch die Hervorhebung des einzelnen als Geschöpf Gottes drücke Jesu Verkündigung zum ersten Mal und in unüberbietbarer Weise die Idee vom »unendlichen Wert der Menschenseele« aus.

Das Wesen des Christentums besteht nach Harnack darin, dem Menschen das Bewusstsein seiner eigenen Individualität geschenkt zu haben, indem es ihn als Einzelnen in die direkte Beziehung zu Gott, dem Vater, stellt. Trotz der Botschaft der Propheten eines sittlichen Monotheismus (als »ungeheurer Fortschritt in der Geschichte der Religion« gefeiert) sei zur Zeit Jesu die »reiche und tiefe Ethik«, die das Judentum durchaus besaß, so von Kultus und Ritual überwuchert gewesen, dass sie »geradezu in ihr Gegenteil verwandelt« gewesen sei.

Gegen diese Tendenz verkündigte Jesus eine »bessere Gerechtigkeit«, die sich durch eine enge Verbindung von Religion und Sittlichkeit auszeichnete und deren inneres Kriterium der Glaube war – eine Gerechtigkeit, die ihren Ausdruck in Gnade und Liebe fand und nicht mehr im alttestamentlichen Aufrechnen von »Auge um Auge, Zahn um Zahn«.[86]

Wegen seiner herausragenden Stellung innerhalb der protestantischen Theologie, aber auch wegen seiner wissenschaftspolitischen Arbeit galt Adolf von Harnack in den Augen der Juden als der Repräsentant der deutschen akademischen Kultur schlechthin. Die umstrittene Position, die er im Rahmen des Kampfs um die »Freiheit der Wissenschaft« einnahm, machte ihn als Historiker und als Kritiker des christlichen Dogmas für die moderne jüdische Theologie bis in die ersten Jahrzehnte des 20. Jahrhunderts besonders interessant. Die antijüdische Polemik in Harnacks »Wesen des Christentums« erfuhr – aus der Perspektive der jüdischen Rezeption – noch eine Verschärfung dadurch, dass die Vorlesung »für Hörer aller Fakultäten« konzipiert war. Ein Übriges tat der Schauplatz der

Veranstaltung dazu: Berlin – die Stadt, in der der akademische Antisemitismus seine Wurzeln hatte, und zugleich die Stadt mit der größten jüdischen Gemeinde, und nach Frankfurt das wichtigste Zentrum des liberalen Judentums und der »Wissenschaft des Judentums«.

Die jüdische Auseinandersetzung mit Harnacks »Wesen des Christentums« war ausgesprochen öffentlicher Natur. So gab es zahlreiche Vorträge vor verschiedensten Auditorien – Gemeinden, wissenschaftlichen Gesellschaften, usw. – zu diesem Thema, eine Reihe dieser Vorträge ist auch veröffentlicht worden. Die Diskussionen um Harnacks Vorlesungen fanden nicht nur in theologischen Fachzeitschriften wie der *Monatsschrift für Geschichte und Wissenschaft des Judentums* ihren Weg an die breite Öffentlichkeit, sondern fast noch stärker in Zeitungen wie etwa dem Hauptorgan des liberalen Judentums, der *Allgemeinen Zeitung des Judentums*. Die Harnack'schen Vorlesungen wirkten gleichsam als Katalysator für die geistigen und wissenschaftlichen Strukturen des Judentums. Schon 1902 war in Berlin die »Gesellschaft zur Förderung der Wissenschaft des Judentums« gegründet worden. Ihre Aufgabe war die Erarbeitung und Veröffentlichung des Entwurfs einer »Wissenschaft des Judentums«. Leo Baecks und Joseph Eschelbachers Beiträge zur Wesensdebatte waren die ersten Titel, die von der Gesellschaft herausgegeben wurden. Im gleichen Jahr schrieb der 1895 gegründete »Liberale Verein für die Angelegenheiten der Jüdischen Gemeinde zu Berlin« im *Berliner Tagblatt* einen Preis für die beste Arbeit über das »Wesen des Judentums« aus. Der jüdische Anspruch auf Gleichstellung und auf die Akzeptanz eines lebendigen jüdischen Glaubens sowohl zur Zeit Jesu als auch in der Moderne war der Kernpunkt des jüdischen Beitrags zur »Wesensdebatte«. Und jüdische Gelehrte wie Leo Baeck waren bereit, in diese Debatte einzutreten, die allmählich für das Judentum wie für das Christentum zu einem Streit um die Überlegenheit der eigenen Religion auswuchs. Als wichtigste Schriften sind zu nennen: Felix Perles (1874–1933), Rabbiner in Königsberg: »Was lehrt uns Harnack?« (1902); Martin Schreiner (1863–1926), Orientforscher und Professor für jüdische Geschichte und Literatur an der Berliner »Lehranstalt«: »Die jüngsten Urteile über das Judentum« (1902); sowie zwei Werke des Breslauer Rabbiners Joseph Eschelbacher (1848–1916): »Das Judentum und das Wesen des Christentums« (1904) und »Das Judentum im Urteile der modernen protestantischen Theologie« (1907).

Die jüdische Kritik entzündete sich hauptsächlich an Harnacks These von einem religiös-nationalen Verfallsprozess Israels zum »Judentum« in der Zeit nach dem Exil.[87] Die jüdische Theologie sah hierin eine doppelte Negation des Judentums, nämlich des historischen wie auch des modernen, das ja nur als Teil des »Kontinuums« der Geschichte des Judentums begriffen werden kann.[88]

Aus jüdischer Sicht waren vor allem zwei Gründe für Harnacks Fehlurteil verantwortlich: Zum einen die Nichtberücksichtigung der Forschungsergebnisse der Wissenschaft des Judentums, insbesondere der Arbeiten zur Beziehung zwischen Jesus bzw. dem Urchristentum und dem zeitgenössischen Judentum.[89] Zum anderen mangelnde Kenntnis der rabbinischen Literatur (z.B. Harnacks Gleichsetzung von *Halacha* und *Haggada*).

Auf dem Hintergrund der besonderen historischen Situation des Judentums an der Schwelle zum 20. Jahrhundert konnten

Harnacks Thesen mit ihrer anti-jüdischen Polemik von der jüdischen Gemeinde nur als extreme Bedrohung verstanden werden.

Harnack versucht in seinen Vorlesungen quasi eine Antwort auf Geiger zu finden. Aus Harnacks Sicht ging es gar nicht darum, dass Jesus etwas Neues gelehrt habe: Wichtig war ihm, dass Jesu Lehren »rein« und »kraftvoll« verkündet wurden. Man müsse nicht an Jesus glauben, sondern wie er glauben, nämlich an die Vaterliebe Gottes und den unendlichen Wert der Menschenseele. Ein Zeitgenosse Harnacks, Paul Wernle (1872-1939), sagte es so: »Die Religionsgeschichte bewegt sich nicht in erster Linie dadurch vorwärts, dass ganz neue Gedanken auftauchen, sondern dadurch, dass mit alten Gedanken ein ganz neuer Ernst gemacht wird.«[90] Wer aber Jesus als Revitalisierer versteht, läuft Gefahr, das Judentum zu pathologisieren. Dies hatte Wilhelm Bousset (1865-1920) in einer Frühschrift getan, in der er die lebendige Botschaft Jesu vom morbiden Hintergrund der jüdischen Umwelt abzuheben suchte. Ernst Troeltsch hat seinen Freund dafür zu Recht kritisiert: »Du hast die Einzigartigkeit Jesu aus dem Doktrinären in das virtuell Persönliche des Lebensgefühls verlegt«, dabei aber »das Judentum absolut schwarz gemalt«.

Eine der nachhaltigsten Reaktionen auf die Veröffentlichung der Vorlesungen Harnacks kam von Leo Baeck. Mit handfester Polemik versucht Baeck, aus der Kritik am Christentum, wie Harnack es in seinen Vorlesungen porträtiert hatte, die Grundlinien eines »Wesens des Judentums« zu entwickeln. Für Baeck war Jesus »eine echt jüdische Persönlichkeit«. Harnacks Leugnung der jüdischen Bedingtheit dieser Gestalt wertet Baeck unter Bezug auf Abraham Geiger als typisches Beispiel der akademischen »Sonderbehandlung« des Judentums. Er bemängelt die Missachtung, mit der Harnack jüdischer Wissenschaft und Literatur begegnet. Diese Vernachlässigung führt nach Baeck zu einer falschen Sicht des Judentums zur Zeit Jesu und zu einem Fehlurteil über die Pharisäer.[91] Gegen Harnacks Darstellung des Judentums zeichnet Baeck das Bild eines »geistigen« und zutiefst universalen jüdischen Glaubens, der bestimmt ist von ethischen Maßstäben und dessen Frömmigkeit geprägt ist von guten Werken und von Vertrauen. Das »Wesen des Judentums« liegt für ihn begründet im ethischen Monotheismus der Propheten.

War es notwendig, dass Gott Jesus Christus als Erlöser in die Welt sandte, und welche Gültigkeit behielt der alte Weg des biblischen Gebotes danach noch? Das ist für Baeck die Kernfrage der jüdischen Identitätskrise seit Paulus.[92] Für Baeck liegt darin eine Abkehr von der sittlichen Freiheit vor, die das Gute, indem es *durch* den Einzelnen verwirklicht wird, *für* ihn möglich macht.

Im Jahr 1938, auf dem Höhepunkt des Nationalsozialismus, veröffentlichte Leo Baeck sein Buch »Das Evangelium als Urkunde der jüdischen Glaubensgeschichte«, in dem er nachzuweisen versuchte, dass Jesus sein ganzes Leben lang ein strenggläubiger Jude geblieben war, dem es niemals in den Sinn gekommen wäre, eine neue Religion zu begründen, geschweige denn sich als Gott verehren zu lassen: »Einen Mann sehen wir [...] vor uns, der in allen den Linien und Zeichen seines Wesens das jüdische Gepräge aufzeigt, in ihnen so eigen und so klar das Reine und Gute des Judentums offenbart, einen Mann, der als der, welcher er war, nur aus dem Boden des Judentums hervorwachsen konnte und nur aus diesem Boden hervor seine Schüler und Anhänger, so wie sie waren, erwerben konnte, einen Mann, der hier allein, in diesem jüdischen Bereiche [...] durch sein Leben und in seinen Tod gehen konnte – ein Jude unter Juden.«[93]

Im Vorwort machte er seine Intention deutlich: »Auch die viel umstrittene Frage, wie aus der alten Botschaft von Jesus, dem Messias, die Evangelien [...] geworden sind, kann – ganz wie die Frage nach dem anfänglichen Sinn dieser Verkündung – nur von einem aus beantwortet sein: von dem Bereiche her, in dem alles dieses Geschehen hervorgewachsen ist. [...] Erst wenn die Weise der mündlichen Überlieferung, wie sie im Judentum Palästinas damals lebte, in ihrem Seelischen, in ihrem dichtenden Erzählen und Vernehmen, verstanden ist, kann auch Zusammenklang wie Zwiespalt in unseren Evangelien begriffen sein. Nicht um Quellenschriften, aus denen sie zusammengefügt seien, handelt es sich, sondern um Tradition, in der sie entstanden sind.« – »Ein Leben Jesu kann geschrieben werden, insoweit das vermocht wird, nur wenn das erschlossen ist, was einst das Geschlecht nach Jesus erzählt und weitergetragen hat.« – »Es ist kein Herbeigerufenes, sondern ein Erschienenes, wenn damit das Evangelium als ein Stück jüdischer Geschichte, und kein geringes, als ein Zeugnis jüdischen Glaubens hervortritt.«[94]

Baecks Beschäftigung mit dem historischen Jesus ist exemplarisch für zahlreiche jüdische Versuche, die Lehre Jesu als integralen Bestandteil der jüdischen Tradition und Geschichte zu begreifen. Baecks Kritik am Christentum entfaltet sich dabei in einem Modell der »Polarität«: dem Gegensatz von »klassischer« und »romantischer« Religion und dem Spannungsverhältnis von »Geheimnis« und »Gebot« in jeder Religion. Aus dieser Polarität lassen sich dann die Bewertungskriterien für eine tiefergehende Analyse von Judentum und Christentum ableiten. Für das Christentum identifiziert und unterscheidet Baeck zwei Hauptströmungen der Tradition: Paulus, Augustinus und Martin Luther repräsentieren das Element des »Geheimnisses«, die Domäne der romantischen Religion, – Jesus, Pelagius und Calvin das Element des »Gebots«, die Domäne der »klassischen Religion«. Während nun aber in den »klassischen« Religionen, denen das Judentum zuzurechnen sei, ein vollkommenes Gleichgewicht zwischen »Geheimnis« und »Gebot« herrsche, sei das Christentum überwiegend von Paulus und Luther geprägt und verkörpere daher die »romantische« Religion, die dem Menschen ethische Gestaltungskraft letztlich abspreche.

Baecks Typologie entreißt dem Christentum ganze Stützpfeiler, weist aber auch in eine wichtige Richtung zum Verständnis seines Anliegens: die Lehre vom Menschen. Denn nicht in der Person Jesu sei der Unterschied zwischen Judentum und Christentum zu sehen: »Der grundsätzliche Unterschied zwischen Judentum und Christentum, wie er von der paulinischen Theologie herkommt, hat seinen entscheidenden Ausgangspunkt in der Lehre vom Menschen. Es ist die alte biblische Auffassung, [...] dass der Mensch im Gleichnis Gottes geschaffen ist, dass damit eine schöpferische Kraft ihm innewohnt und die Fähigkeit der Entscheidung, die Freiheit ihm gegeben ist, so dass das Gottesgebot als sittliche Aufgabe vor ihn hintreten kann« Der Mensch kann in seinem Leben frei zwischen Gut und Böse entscheiden. Irrt er, so kann er umkehren. Und weil er es kann, soll er es.

Dieser Anschauung steht die Gnadenlehre des paulinischen Christentums mit ihrer Erlösungsbedürftigkeit des Menschen klar entgegen. Und hier, im Bereich des Sittlichen und der Ethik, sei die eigentliche Kluft zwischen Judentum und Christentum zu sehen.

Im Mittelpunkt des Streites stand aber die Frage nach der Messianität Jesu. Immer wieder wurde in diesem Zusammenhang Harnacks Wendung, das Evangelium Jesu sei »nichts Neues« gewesen, zitiert. In Anknüpfung an diese Aussage betonten jüdische Theologen und Wissenschaftler, die Elemente, die Juden- und Christentum voneinander schieden, seien erst durch Paulus in das Christentum hineingetragen worden.

Aus jüdischer Sicht bedeutete das (1) die christliche Vereinnahmung Jesu durch die dogmatische Auslegung seiner Lehren im Sinne der Logos-Christologie; (2) die Einschränkung des Konzeptes des Monotheismus durch die Lehre von der Trinität; und (3) die Entleerung des ethischen Gehalts der Verkündigung Jesu durch die Dogmatisierung. Die Entstehung des Dogmas wurde auf die Verdrängung des Judentums bzw. des Judenchristentums durch das universale Christentum von Paulus' Gnaden und die durch diesen Prozess in Gang gesetzte Entwicklung zurückgeführt. Das verweist nicht nur auf einen unwiderlegbaren Zusammenhang zwischen der jüdischen Position und der von Harnack vorgetragenen Dogmenkritik. Viel wichtiger ist, dass hier jüdische Kritik am paulinischen Christentum und liberale protestantische Theologie sich in ihrem Widerstand gegen die etablierte, autoritative Deutung des Christentums im Katholizismus und im konservativen Protestantismus treffen.

Grundsätzlich trifft die Betonung zentraler Stiftergestalten in Religionen auf jüdisches Missbehagen. Während für Harnack die Besonderheit des Christentums in der »Kraft der Persönlichkeit Jesu« selbst liegt, setzt Hermann Cohens (1842–1918) Kritik genau an dieser Frage an: braucht Religion überhaupt die Bindung an eine Stiftergestalt? Auf dem »Weltkongress für freies Christentum und religiösen Fortschritt« spricht Cohen unter dem Titel »Die Bedeutung des Judentums für den religiösen Fortschritt« und sagt, »alle Anknüpfung der Religion aber an eine Person setzt sie der Gefahr des Mythos aus. Denn der Grundsinn des Mythos ist die Personifikation alles Unpersönlichen. Darin bewährt sich die Unterscheidung, welche das Judentum überall vom Mythos an sich durchzuführen sucht, dass sie die höchste Tat, die sie von Gott erwarten kann, die Vereinigung seiner Kinder in Eintracht und Treue, durchaus nicht von einer Person erwartet.«[95]

Die konstruktive jüdische Kritik an Harnack hob vor allem auf die Kontinuität zwischen vor- und nachexilischem Judentum und auf die daraus folgende konstitutive Beziehung zwischen Jesus und dem Judentum seiner Zeit ab. Gewährleistet diese Kontinuität doch – gerade auch im Blick auf den theologischen Gehalt –, dass das Judentum keineswegs als eine überflüssig gewordene Vorstufe des Christentums betrachtet werden kann, sondern vielmehr die heute noch entscheidende Basis für das Christentum darstellt.

Der Jerusalemer Bibelwissenschaftler Yehezkel Kaufmann (1889–1963) hat dies so umrissen: »die Haltung Jesu zur Torah ist die gleiche wie die der Meister der Halacha und Haggada, die der pharisäischen Tradition folgten. Die Torah ist die ewig währende Basis ihrer eigenen Haltungen und Lehren, sogar wenn sie scharf von der wörtlichen Bedeutung abzuweichen scheinen. [...] Jesus glaubte, dass seine Lehren nur eine Vervollständigung oder eine Verdeutlichung der Lehren der Torah seien, Wegweiser, die uns Menschen dazu einladen, wie wir leben und uns in ihrem Geist verhalten sollen.«[96]

Die Belege für Jesu rabbinisch-jüdische Herkunft und seine profunden Kenntnisse in diesem Bereich dienten zugleich als Argument für die Existenzberechtigung eines modernen Judentums in der christlich dominierten Kultur der Gegenwart. Dabei ging es ebenso um die Gleichberechtigung mit den christlichen Konfessionen, wie um den Erweis, dass das Judentum eine Bereicherung für den »nationalen Geist« darstelle, also ein echter Gewinn für Deutschland sei.

Die hier exemplarisch vorgestellten Argumente sind keineswegs vergangen. Auch moderne christliche Theologen stehen vor der Herausforderung zu erklären, wie Jesus etwas Neues stiften konnte, wenn sich für alles, was er gesagt und getan hat, jüdische Parallelen finden lassen. In seinem Buch »Die Religion der ersten Christen« (2002) beschreibt der Heidelberger evangelische Theologe Gerd Theißen das Innovative bei Jesus als eine »Revitalisierung« des Alten. Seine Originalität läge darin, das Alte »von einem zentralen Inhalt, dem Glauben an den einen und einzigen Gott, her neu belebt« zu haben.

Wir haben gesehen: Genau das war auch die Auffassung von Harnack und anderen im 19. Jahrhundert und diese bietet wiederum Anhaltspunkte für christlich-jüdische Verständigung, wenn sie jenseits des dogmatischen Anspruchs vom kerygmatischen Christus bleibt. Ganz unverfänglich ist sie jedoch nicht. Denn wenn man Jesus ein Mehr an Vitalität zuspricht, muss man dann nicht im Umkehrschluss seiner jüdischen Umwelt und dem sich daraus entwickelten modernen Judentum Lebendigkeit absprechen?

Ausgewählte Jesusbilder von Joseph Klausner bis Ernst Ludwig Ehrlich

Die bahnbrechende Arbeit von Joseph Klausner (1878–1965), »Jesus von Nazareth« (1922) wies zusammen mit Martin Bubers Verständnis von Jesus als Bruder den Weg für eine Reihe weiterer Bücher jüdischer Autoren über Jesus von Nazareth. Dazu zählen auch die im deutschen Sprachraum besonders populär gewordenen Beiträge von Schalom Ben-Chorin und Pinchas Lapide.
Für den jüdischen Religionsphilosophen und Publizisten Schalom Ben-Chorin (1913–1999), der als Fritz Rosenthal in München geboren und 1935 nach schweren Misshandlungen von dort nach Palästina ausgewandert war, war Jesus eine »zentrale Gestalt der jüdischen Geschichte«, nämlich ein »Erzmärtyrer« bzw. ein »Prototyp, der das jüdische Leidensschicksal verkörpert«. Er widersprach Leo Baecks These eines hebräischen Ur-Evangeliums, unterstützte aber die Forderung nach einem Prozess der Heimholung Jesu in das jüdische Volk. In »Bruder Jesus. Der Nazarener in jüdischer Sicht« (1967) machte er sich ein Bild von Jesus von Nazareth, ohne dabei eine fachwissenschaftliche Arbeit zum Leben Jesu vorlegen zu wollen: »Hier wird nur ein Zeugnis abgelegt von einer innerjüdischen Begegnung mit Jesus von Nazareth.« Ben-Chorin nähert sich Jesus nicht allein über die Exegese, sondern auch durch Intuition, durch seine »lebenslange Vertrautheit mit dem Text«. Aus einem tiefen Gefühl von Verwandtschaft mit der Gestalt Jesu und der jüdischen Welt, in der er lebte, kommt er zu dem Schluss: »Jesus ist für mich der ewige Bruder, nicht nur der Menschenbruder, sondern mein jüdischer Bruder. Ich spüre

seine brüderliche Hand, die mich faßt, damit ich ihm nachfolge. Es ist nicht die Hand des Messias, diese mit den Wundmalen gezeichnete Hand. Es ist bestimmt keine göttliche, sondern eine menschliche Hand, in deren Linien das tiefste Leiden eingegraben ist [...] Sein bedingungsloser Glaube, das schlechthinnige Vertrauen auf Gott, den Vater, die Bereitschaft, sich ganz unter den Willen Gottes zu demütigen, das ist die Haltung, die uns in Jesus vorgelebt wird und die uns – Juden und Christen – verbinden kann: Der Glaube Jesu einigt uns, aber der Glaube an Jesus trennt uns.«

Für das Judentum, so Ben-Chorin, kann Jesus keinesfalls der Messias sein, denn die Welt habe sich nach dem Opfergang von Golgota nicht zum Besseren verändert. In »Bruder Jesus. Mensch – nicht Messias« (1967) spricht Ben-Chorin von Jesus als dem Menschen schlechthin: »Der Mensch, wie du und ich, der in seiner Geringfügigkeit exemplarische Mensch. Als diesen Menschen, der in seiner Menschlichkeit exemplarisch lebt, unbehaust und den Leiden ausgesetzt, hat sich Jesus selbst verstanden. Indem er sich als Menschensohn bezeichnet, steht er nicht als Prophet oder als Messias, sondern als Bruder vor uns. Und da er der Menschensohn ist, bricht in ihm die Frage des Menschen auf: ›Wer bin ich?‹«.

Ben-Chorin resümiert: »Durch eine Integration Jesu in seine jüdische Umwelt gewinnen die Züge des Nazareners neue Realität, die durch eine christlich-dogmatische Überhöhung zu weit spiritualisiert wurde, so dass die Gefahr eines ›Christus-Gespenstes‹ entstand«. Bei seinem Vorsatz, Jesus ins Judentum heimholen zu wollen, gerät er allerdings ins Spekulieren, wenn er entgegen den Evangelien feststellt, dass Jesus in keiner Weise mit der jüdischen Tradition gebrochen habe. Nicht belegbar ist beispielsweise auch seine Theorie, dass Jesus »wie jeder Rabbi in Israel verheirat war« und Kinder gehabt habe.

Der gebürtige Wiener Pinchas E. Lapide (1922–1997), der die Evangelien unter dem Motto »Wer Jesus Christus begegnet, der begegnet auch dem Judentum« las, wird vor allem von christlichen Lesern geschätzt. Lapide studierte in Jerusalem unter dem Einfluss von Martin Buber Judaistik und das Urchristentum, war im diplomatischen Dienst Israels tätig und promovierte 1971 nach einem Forschungsaufenthalt in Köln über »Die Verwendung des Hebräischen in den christlichen Religionsgemeinschaften mit besonderer Berücksichtigung des Landes Israel.« So wie Buber Jesus von Nazareth als seinen großen Bruder im Glauben bezeichnete, so wollte auch Lapide mit seinem Buch »Der Rabbi von Nazaret. Wandlungen des jüdischen Jesusbildes« (1974) ganz wie zuvor schon Ben-Chorin »den ›Bruder Jesus‹ in das Judentum heimholen«. Seine Thesen, die der Neutestamentler 1979 in seinem Buch »Der Jude Jesus. Thesen eines Juden. Antworten eines Christen« veröffentlichte, sind ebenso pointiert wie plakativ:
- Jesus hat sich seinem Volk nicht als Messias kundgegeben
- das Volk hat Jesus nicht abgelehnt
- Jesus hat sein Volk nicht verworfen

Pinchas Lapide versuchte, durch Rückübersetzung ins Hebräische die spätgriechische Überformung der Evangelien zu durchdringen, um so zu einem ursprünglicheren Verständnis der Quellen zu gelangen. Er folgte den Theorien des amerikanischen Historikers Joel Carmichael (1915–2006), der auch das zionistisch ausgerichtete Magazin *Midstream* herausgab und Jesus von Nazareth 1963 als militanten jüdischen Rebellen darstellte.[97] Lapide machte Jesus aus seiner eigenen Parteinahme

für die jüdische Nationalbewegung ohne wissenschaftliche Begründung zu einem Freiheitskämpfer, der einen »messianischen Zionismus« zu verwirklichen suchte. Diesem bewusst subjektiven Jesus-Bild gegenüber duldete Lapide keinen Widerspruch: »Wer diesen lebensbejahenden, bibelbeseelten Nazarener, den die Liebe zu Israel erfüllte, zum weltfremden Moralprediger und Jenseits-Theologen umfunktionieren will: einen Mann, der sich angeblich weigert, am verzweifelten Widerstandskampf seiner Juden teilzunehmen [...], wer das im Namen der Theologie fertig bringt, der begeht eine Schmähung Jesu, die an Rufmord, wenn nicht Antijudaismus grenzt.«
Dem gegenüber steht die Sicht Samuel Sandmels (1911–1979), Professor am Hebrew Union College Cincinnati. Seiner Ansicht nach ermöglichen die neutestamentlichen Schriften gar keinen Blick auf den historischen Jesus, sondern geben nur einige karge Fakten.[98] Einerseits war Jesus Lehrer, doch andererseits war dessen Lehre ohne erkennbare Originalität. Einerseits hielt Jesus sich für den Messias, doch andererseits starb er den römischen Märtyrertod. So gesehen ist aber der historische Jesus nicht fassbar, man könne über ihn nur berichten, was die Evangelisten über ihn aus der Haltung des Glaubens heraus schrieben. Diese Position vertritt auch der Basler Judaist und Religionswissenschaftler Ernst Ludwig Ehrlich (1921–2007): Er meint, die neutestamentlichen Quellen sagen zu wenig über den Menschen und Juden [Jesus] aus, weil sie im Glauben und im Blick auf den Christus verfasst worden sind. Der historische Jesus kann durch die Rückfrage hinter das neutestamentliche Kerygma nicht ermittelt werden. »Trotz intensiver wissenschaftlicher Forschung dürfte es wohl niemals gelingen, ein volles Bild vom ›historischen Jesus‹ wiedergewinnen zu können« Im

Unterschied zu vielen anderen Jesusinterpreten des Judentums sieht Ehrlich vor allem zwei gesicherte Resultate: die Binsenwahrheit, dass Jesus Jude war, und Jesu Kreuzestod.[99]
Die eigentliche Provokation von Jesu Leben stecke in seiner Verkündigung der Nähe des Reiches Gottes und in seiner Forderung, Gottes Willen so zu erfüllen, wie er ihn verstand. »Diese apokalyptische Gestimmtheit hatte zur Folge«, so Ehrlich, »dass Jesus gesetzeskritisch war« und sich somit durchaus von seiner pharisäischen Umwelt abhob. Hier stimmt er mit dem Erlanger Religionsgeschichtler Hans-Joachim Schoeps (1909–1980) überein, der bei Jesus »eine scharfe Kritik und Verurteilung gewisser jüdischer Verhaltensweisen« erkannte.[100] Die Ursache für Jesu Konfliktsituationen mit den Pharisäern sieht Schoeps in dessen anderer Einschätzung »des alttestamentlichen Gesetzes« begründet. Damit heben sich Ehrlich und Schoeps in ihrer Beurteilung von der überwiegenden Mehrheit ihrer jüdischen Kollegen, vor allem Schalom Ben-Chorin und Pinchas Lapide ab, die in Jesus eher die pharisäische Prägung, den »Bruder«, herausarbeiten.
Für Sandmel, Ehrlich und Schoeps lassen sich – wie gesehen – wenige gesicherte Aussagen über den ›historischen Jesus‹ machen. Das Jesusbild von Schoeps ist von der Einsicht Sandmels und Ehrlichs bestimmt, »dass die Rekonstruktion des ›Urjesus‹, des Jesus, wie er wirklich gewesen ist, bei der vorliegenden Quellenlage aus den uns zugänglichen Evangelienstoffen gar nicht möglich ist«.[101] Hinzu kommt eine Kritik an einigen Formen jüdischer Würdigung Jesu. Gegenüber jüdischen Stimmen der Leben-Jesu-Forschung, die der Gestalt Jesu Einmaligkeit und Unvergleichlichkeit zumessen (z. B. David Flusser[102]), weist Sandmel mit Nachdruck darauf hin,

dass diese Attribute für einen religiösen Juden allein Gott zukämen, jedoch niemals einem Menschen. Menschen können nach jüdischem Verständnis bestenfalls »groß« sein. Solche »Größe« misst Sandmel Jesus bereitwillig zu: »Nur ein Jude, der einzigartige Qualitäten auf sich vereinigt, könnte andere Juden von seiner Wiederauferstehung überzeugt haben.«

Ich konnte in diesem Kapitel die jüdische Leben-Jesu-Forschung des 19. und 20. Jahrhunderts nur exemplarisch skizzieren. Wichtig war mir aufzuzeigen, warum Juden anfingen, diesen Jesus näher kennenzulernen. Die Intention war apologetisch: Juden wollten Juden bleiben und trotzdem Teil der christlichen Gesellschaft sein. Wie gut also, dass Jesus Jude war!

Joseph Ratzinger und der jüdische Jesus

Dass Jesus Jude war – ein kultureller Zufall?

Die Leben-Jesu-Forschung von Christen und Juden kommt durch das aktuelle Buch Joseph Ratzingers (*1927) von 2008 in den Genuss ganz neuer Aufmerksamkeit. Ist es nicht erstaunlich, dass es keinerlei Auseinandersetzungen mit dem Buch Ratzingers von jüdischer Seite zu geben scheint? Weil ich selbst nicht fündig wurde, befragte ich meinen Kollegen Rabbiner Michael A. Signer (1945–2009), Professor an der katholischen Notre Dame University Indiana, USA, einen der Initiatoren der jüdischen Stellungnahme zu Christen und Christentum, *Dabru Emet*, aus dem Jahr 2002. Auch er wusste von keinen nennenswerten jüdischen Stellungnahmen zum Jesus-Buch des Papstes, außer der Jacob J. Neusners (*1932), von der noch die Rede sein wird. Da Josef Ratzinger ins Zentrum seines Buches ein Andachtsbild von Jesus als dem »Christus« gestellt hat, das gerade über die Lücken hinwegführen soll, die die historisch-kritische Forschung klaffend geöffnet hatte, habe es wohl wenig ernsthaftes Interesse von jüdischen Wissenschaftlern gegeben.
In der Tat ist Joseph Ratzinger der historische Jesus zu mager geworden, den die Wissenschaft der letzten zwei Jahrhunderte übriggelassen hat. Dies konstatiert er bereits zu Beginn seines Buches: »Der Riss zwischen dem ›historischen Jesus‹ und dem ›Christus des Glaubens‹ wurde immer tiefer, beides brach zusehends auseinander [...] Die Fortschritte der historisch-kritischen Forschung führten zu immer weiter verfeinerten Unter-

scheidungen zwischen Traditionsschichten, hinter denen die Gestalt Jesu, auf den sich doch der Glaube bezieht, immer undeutlicher wurde, immer mehr an Kontur verlor [...] Zugleich freilich wurden die Rekonstruktionen dieses Jesus, der hinter den Traditionen der Evangelisten und ihrer Quellen gesucht werden musste, immer gegensätzlicher: vom antirömischen Revolutionär [...] bis zum sanften Moralisten [...]«.[103] Die divergierenden Ergebnisse der Leben-Jesu-Forschung schufen eher Idealbilder der jeweiligen Autoren, als dass sie den wirklichen Jesus freigelegt hätten. »Die Figur Jesu selbst hat sich nur umso weiter von uns entfernt [...] Die innere Freundschaft mit Jesus, auf die doch alles ankommt, droht ins Leere zu greifen«.[104]

Kardinal Christoph Schönborn (* 1945) hob bei der Buchpräsentation in Rom hervor, dass es Jacob J. Neusner gewesen war, der den Pontifex durch sein Buch »Ein Rabbi spricht mit Jesus« zu seinem neuen Werk angeregt habe. Der bemerkt zu dem Faktum, Teil einer literarischen Disputation mit dem Papst geworden zu sein: »Disputation went out of style when religions lost their confidence in the power of reason to establish theological truth [...] The heritage of the Enlightenment with its indifference to the truth-claims of religion fostered religious toleration and reciprocal respect in place of religious confrontation and claims to know God [...] For the past two centuries Judeo-Christian dialogue served as the medium of a politics of social conciliation, not religious inquiry into the convictions of the other«.[105] Ratzinger dagegen sei – ebenso wie Neusner selbst – ganz entgegen dem Trend ein »truth-seeker«. Allerdings müsse man als christlicher Disputant dann damit fertig werden, dass Neusner Jesus nicht gefolgt wäre: »I explain in a very straightforward and unapologetic way why, if I had been in the Land of Israel in the first century and present at the Sermon on the Mount, I would not have joined the circle of Jesus' disciples. I would have dissented, I hope courteously, I am sure with solid reason and argument and fact. If I heard what he said in the Sermon on the Mount, for good and substantive reasons I would not have become one of his disciples«.[106]

Man muss Ratzinger zugute halten, dass er seiner Glaubenshaltung überhaupt eine jüdische Position gegenüberstellt. Denn wie wir gesehen haben, wurden von christlicher Seite Beiträge der jüdischen Jesusforschung zumeist nicht als heilsame Infragestellung der eigenen Position oder vielleicht gar als Gesprächsangebot empfunden, sondern als Anmaßung. Leider bleibt Jacob Neusner der einzige jüdische Sparringspartner, der immer wieder in Joseph Ratzingers Werk auftaucht. Es hätte dieses Buch aber ungemein bereichert, wenn es in seiner Beschäftigung mit der jüdischen Position nicht diesen einen singulären Bezug gewählt hätte, sondern mit der breiten jüdischen Leben-Jesu-Forschung ins Gespräch gekommen wäre. Ich nehme es als Indiz, dass dem Theologen auf dem Papstthron die jüdische Leben-Jesu-Forschung kein wirkliches Anliegen ist, wenn er sein Jesusbild entfaltet. Und im Grunde bleibt Joseph Ratzinger auch die substantielle Auseinandersetzung mit der jüdischen Position schuldig. Eine Parallele findet sich in seiner »Einführung in das Christentum« von 1968. Dort schreibt er beispielsweise von der Verantwortung der Menschen für diese Welt, und dass diese am Ende »nach ihren Werken« gerichtet würden.[107] Eine ausdrückliche Parallele zum Judentum wird gezogen: »Es dürfte nützlich sein, in diesem Zusammenhang an Ausführungen des großen jüdischen

Theologen Leo Baeck zu erinnern, denen der Christ nicht zustimmen wird, aber an deren Ernst er auch nicht achtlos vorübergehen kann«.[108] Joseph Ratzinger löst die Spannung zwischen christlicher Gnadenlehre und der jüdischen Forderung nach einer aktiven Gestaltung der Welt aber ohne innere Auseinandersetzung mit der Heilsbotschaft des Judentums. Und das, obwohl ihm der universale Anspruch der Ethik des Judentums deutlich ist: »Baeck zeigt dann, wie sich dieser Universalismus des auf der Tat gründenden Heils immer deutlicher in der jüdischen Überlieferung kristallisiert, um schließlich ganz klar hervorzutreten in dem ›klassischen‹ Wort: ›Auch die Frommen, die nicht Israeliten sind, haben an der ewigen Seligkeit teil‹.« Joseph Ratzingers Auflösung ist lapidar: »Vielleicht wird man letztlich auch gar nicht über ein Paradox hinauskommen, dessen Logik sich vollends nur der Erfahrung eines Lebens aus dem Glauben erschließen wird.« Man hat den Eindruck: Hier spricht jemand, der die jüdische Position durchaus kennt. Aber sie ficht ihn nicht an: »Es ist nicht unsere Aufgabe, im Einzelnen zu bedenken, wie diese Aussage mit dem vollen Gewicht der Lehre von der Gnade zusammen bestehen kann.«[109] Wenn aber Gottes Heilsgeschichte mit seinem Volk nicht am Ende ist, wenn das Judentum weiterhin Zeugnis gibt von seinem Bund mit Gott, und wenn es dem Christentum brüderlich verbunden ist, warum ist dann die jüdische Position für Joseph Ratzinger bloß ein Apropos?

Interessant ist Joseph Ratzingers Anknüpfungspunkt bei Neusner dennoch. Denn er zeigt, dass die jüdische Beschäftigung mit Jesus auch Christen motivieren kann, über diesen bedeutenden Juden nachzudenken, und sich daran zu erinnern, dass seine jüdische Herkunft kein kultureller Zufall gewesen sein könnte, sondern ein Teil der christlichen Heilsgeschichte. In seiner »Ansprache an die Teilnehmer des vatikanischen Kolloquiums über die Wurzeln des Antijudaismus im christlichen Bereich« hat dies Johannes Paul II. 1997 so ausgedrückt: »Manche Menschen betrachten die Tatsache, dass Jesus Jude war und dass sein Milieu die jüdische Welt war, als einfachen kulturellen Zufall, der auch durch eine andere religiöse Inkulturation ersetzt und von der die Person des Herrn losgelöst werden könnte, ohne ihre Identität zu verlieren. Aber diese Leute verkennen nicht nur die Heilsgeschichte, sondern noch radikaler: Sie greifen die Wahrheit der Menschwerdung selbst an und machen eine authentische Auffassung der Inkulturation unmöglich.«[110]

Der »Rabbi Jesus« – dem Christen nur als Christus wichtig?

Joseph Ratzinger selbst sagt an einer Stelle alles, was ein Jude über Jesus sagen könnte: [...] »dass wir jedenfalls wenig Sicheres über Jesus wissen und dass der Glaube an seine Gottheit erst nachträglich sein Bild geformt [hat]«[111]. »Dieser Eindruck ist inzwischen weit ins allgemeine Bewusstsein der Christenheit gedrungen«, warnt der Papst. Dies sei »dramatisch für den Glauben, weil sein eigentlicher Bezugspunkt unsicher wird [...] Was aber kann der Glaube an Jesus den Christus, an Jesus den Sohn des lebendigen Gottes bedeuten, wenn eben der Mensch Jesus so ganz anders war, als ihn die Evangelisten darstellen und als ihn die Kirche von den Evangelien her verkündigt?«[112] fragt sich Joseph Ratzinger. – Ja was?
Der Papst will deutlich machen, dass solche Jesus-Bilder lediglich »Fotografien« der jeweiligen Autoren waren, aber keine

Freilegung des historischen Jesus der Bibel. Seine Antwort ist klar: Wenn Gott in die reale Geschichte tritt, »*incarnatus est*«, muss sich dieser Glaube auch der historischen Forschung aussetzen.[113] Und diese Einsicht ist ihm nicht neu. Bereits 1968 kommt er in seiner »Einführung in das Christentum« zu gleichen Ergebnis: »Der Versuch, unter Umgehung des geschichtlichen Christentums aus der Retorte des Historikers einen reinen Jesus zu konstruieren, von dem man dann sollte leben können, ist innerlich absurd. Die bloße Historie schafft keine Gegenwart, sondern stellt das Gewesensein fest. Die Jesus-Romantik ist deshalb im Letzten genauso zukunftslos und so gegenwartsleer, wie es die Flucht ins reine Wortereignis sein musste […] Dennoch war das Hin und Her des modernen Geistes zwischen Jesus und Christus […] nicht einfach umsonst«.[114] Damit würdigt Joseph Ratzinger zwar die Ergebnisse der modernen Exegese, er bezweifelt aber schon seit Jahrzehnten deren Reichweite: Die historisch-kritische Forschung könne den Glauben, dass Jesus als Mensch Gott war, nicht erfassen. Gerade die analoge Wirkung der jüdischen und christlichen Leben-Jesu-Forschung dürfte ein tieferer Grund dafür sein, dass es manche Methode der Exegese künftig schwieriger haben wird im Vatikan – auch wenn Joseph Ratzinger sein Buch nicht als lehramtlichen Akt verstanden wissen will.

»Die ganze Bibel von Christus her lesen« –
Joseph Ratzingers Hermeneutik

Joseph Ratzinger geht es darum, den Prozess der Schriftwerdung »von Jesus Christus her«[115] zu betrachten. Aus diesem Blickwinkel könne man erkennen, dass im Ganzen eine Richtung liege und »Altes Testament und Neues Testament zusammengehören«. Hätten die Christen sich vom Alten Testament verabschiedet, wie Adolf von Harnack in der Nachfolge Marcions gefordert hat, »unser Neues Testament wäre in sich sinnlos«[116]. »Es ist klar, dass ein Abschied der Christen vom Alten Testament nicht nur, wie vorhin angedeutet, das Christentums selbst aufheben müsste, sondern auch dem positiven Verhältnis zwischen Christen und Juden nicht dienen könnte, weil ihnen eben das gemeinsame Fundament entrissen würde,« sagt Joseph Ratzinger in seinem Vorwort zur Stellungnahme der Päpstlichen Bibelkommission von 2001, »Das Jüdische Volk und seine Heilige Schrift in der christlichen Bibel«. Gleichzeitig entspricht die christliche Hermeneutik des Alten Testaments, die zweifellos von derjenigen des Judentums unterschieden ist, für Joseph Ratzinger doch einer Sinnmöglichkeit jener Texte[117].

Die Päpstliche Bibelkommission selbst hatte sich 2001 in »Das jüdische Volk und seine Heilige Schrift in der christlichen Bibel« zu einer Aussage über jüdische und christliche Leseweise durchgerungen, die die Pointe etwas anders setzt, nämlich auf der bleibenden Gültigkeit der jüdischen Leseweise: »[…] Christen können und müssen zugeben, dass die jüdische Lesung der Bibel eine mögliche Leseweise darstellt, die sich organisch aus der jüdischen Heiligen Schrift der Zeit des

Zweiten Tempels ergibt, in Analogie zur christlichen Leseweise, die sich parallel entwickelte. Jede dieser beiden Leseweisen bleibt der jeweiligen Glaubenssicht treu, deren Frucht und Ausdruck sie ist. So ist die eine nicht auf die andere rückführbar.«[118]

Joseph Ratzingers Position im Verhältnis von Altem zu Neuem Testament ist kategorisch die des Glaubens a priori. Er hebt darauf ab, dass nur der Glaube aus Jesus Christus diesen »Schlüssel des Ganzen macht« für »Altes« und Neues Testament, aus purer historischer Methode könne er nicht hervorkommen. In seinem Vorwort von 2001 kommt das bereits zum Tragen: Die Worte der Schrift seien auch von einem »inneren Mehrwert« getragen, einer Mehrdimensionalität menschlicher Rede, die nicht an einem historischen Punkt fixiert ist, sondern in die Zukunft vorausgreift. Ihn interessiert, »wie Gottes Wort sich des Menschenwortes bedienen kann, um einer fortschreitenden Geschichte einen Sinn einzustiften, der über den jeweiligen Augenblick hinausweist, und doch gerade so die Einheit des Ganzen bewirkt«. Im Jesus-Buch knüpft er an seine früheren Äußerungen an: »Da spricht der Autor nicht einfach aus sich selbst und für sich selbst. Er redet aus einer gemeinsamen Geschichte heraus, die ihn trägt und in der zugleich die Möglichkeiten ihrer Zukunft, ihres weiteren Weges schon im Stillen gegenwärtig sind.«[119]

Juden und Christen haben also ein gemeinsames Fundament in der Heiligen Schrift, sind aber getrennt in ihren unterschiedlichen Leseweisen. Joseph Ratzingers Kritik an der historisch-kritischen Forschung ist deshalb folgerichtig: »Dass aber die Schriftsteller der vorchristlichen Jahrhunderte, die in den alttestamentlichen Büchern zu Worte kommen, auf Chris-

tus und auf den Glauben des Neuen Testaments voraus verweisen wollten, erscheint dem modernen historischen Bewusstsein mehr als unwahrscheinlich.«[120]
Ich bin versucht hier anzumerken: Auch einem Juden erscheint dies unwahrscheinlich. Aus dem Argument der »Gemeinsamen Schrift« folgt so jedenfalls keine substantielle Nähe von Juden und Christen.

Christlicher Glaube und »historische Vernunft«

Problematisch ist für Juden das Postulat Joseph Ratzingers, dieser Glaubensentscheid trage gar »historische Vernunft« in sich.[121] In seiner Enzyklika SPE SALVI vom 30. November 2007 formuliert Joseph Ratzinger diese Verschränkung von Glaube und Vernunft als zentralen Gedanken: »Darum braucht die Vernunft den Glauben, um ganz zu sich selbst zu kommen: Vernunft und Glaube brauchen sich gegenseitig, um ihr wahres Wesen und ihre Sendung zu erfüllen.«[122]
Die jüdische Herangehensweise setzt hier einen deutlichen Kontrapunkt zu der platonischen Herangehensweise Joseph Ratzingers, der eine »relecture« der Hebräischen Bibel unter den Voraussetzungen des christlichen Glaubens als »historische Vernunft« bezeichnet sehen will.
So konstatierte gegen Ende des 19. Jahrhunderts der Rabbinerverband Deutschlands: solange Christen »an der Überlieferung der Inkarnation, der erlösenden Macht Jesu und an der Verwerfung des Gesetzes als grundlegendem geistigem und ethischem Prinzip festhalten, […] wird das Christentum nicht frei sein von Elementen, die den Ansprüchen der Vernunft zuwiderlaufen, […] und es ist unsere Aufgabe, aus dem

Reichtum des reinen Monotheismus – und damit aus dem Reichtum reinster Sittlichkeit – etwas beizutragen zur menschlichen Kultur im allgemeinen und zu unserer deutschen Kultur im besonderen.«[123]

Aus meiner Perspektive ist deshalb Joseph Ratzingers Vernunftbegriff trügerisch, weil er den Glauben voraussetzt[124]. Wenn aber das Christentum irgendeinen bedeutsamen Anspruch auf die Wahrheit erheben will, dann muss es sich seit der Aufklärung denselben Verfahren der Prüfung und Verifikation unterwerfen, wie sie in den profanen Wissenschaften angewandt wird.[125] Rabbiner Abraham Geiger hat das jüdische Verständnis von Vernunft gut zusammengefasst: Auf einem Bildnis aus seinen Breslauer Jahren als Rabbiner an der dortigen Storchen-Synagoge, das nach 1840 entstanden sein dürfte, finden wir sein Motto: »Durch Erforschung des Einzelnen zur Erkenntnis des Allgemeinen, durch Kenntnis der Vergangenheit zum Verständnis der Gegenwart, durch Wissen zum Glauben.«[126] Joseph Ratzingers Jesus-Buch scheint nahe legen zu wollen, man müsse genau umgekehrt vorgehen. Kein Zweifel, Ratzinger hat dem auferstandenen Christus mit seinem Jesus-Buch wieder neuen Glanz für die Kirche und ihren Glauben verliehen. Für den jüdischen Leser ist klar: Der Autor ist hier ganz persönlich auf der Suche, bereits unter der Voraussetzung des Glaubens, nicht erst auf der Suche nach Glauben. Damit steht er in der Nachfolge derer, die die christliche Leben-Jesu-Forschung überwinden wollten. Der jüdische Blick dagegen geht auf einen von *uns*, der es weit gebracht hat, als Mensch den Menschen Gottes Willen nahe zu bringen.

Fazit

Man könnte den Ertrag der vorliegenden Untersuchung so umreißen: Die christliche Leben-Jesu-Forschung trug wenig dazu bei, Kirche und Judentum einander näher zu bringen. Wo der kerygmatische Christus im Zentrum steht, kann auch die historische Person Jesu wenig zur Verständigung beitragen. Allerdings konnten wir aufzeigen, dass die Wahrnehmung Jesu im Judentum selbst eine spannende Entwicklung genommen hat: von Distanz und ängstlicher Abgrenzung zu vorsichtiger Auseinandersetzung, später sogar zur Heimholung Jesu mit apologetischer Absicht bis hin zu einer heute weitgehend geklärten selbstbewussten Position mit einem Bild von Jesus als einer Stimme in einem vielfältigen jüdischen Spektrum seiner Zeit. Die Ergebnisse jüdischer Forschung, vor allem seit dem 19. und 20. Jahrhundert, waren dafür verantwortlich. Der Ertrag dieses Bemühens ist innerhalb des Christentums unterschiedlich wahrgenommen worden und erfordert auch in Zukunft eine intensive und vielfältige Beschäftigung.
Welches Bild von Jesus ergibt sich nun aus jüdischer Sicht? Jesus war ein bedeutender Mann für seine Zeit, doch er war kein vollkommener Mensch, und auch als bedeutender Mann nimmt er keine Sonderstellung ein, denn das Judentum hat viele große Männer hervorgebracht. Irgendeine übernatürliche Würde kommt Jesus nicht zu, als Phänomen und fester Bestandteil der abendländischen Kultur sei er aber unübersehbar auch für Juden. Jesus mehr zuzuerkennen, sieht auch Ernst Ludwig Ehrlich keinen Anlass, weil sich durch ihn »nichts, gar nichts« geändert habe. Und Ehrlich fügt als Ein-

sicht hinzu: »Das Judentum hat niemals den einen Lehrer gekannt, nur die Kette der Lehrer, den Strom der Tradition. Es hat sich stets dagegen gesträubt, einen einzigen Menschen in den Mittelpunkt zu stellen.« »Das tiefste Missverstehen zwischen Juden und Christen« sieht Ehrlich darin angelegt, dass Juden »ein vollgültiges religiöses Leben führen [können], ohne je etwas von Jesus und dem Evangelium gehört zu haben«.

Wenn es aber wahr ist, dass Gott der Herr der Geschichte ist, dann ist auch die Wirkungsgeschichte des Christentums anzuerkennen als einer mit dem Judentum eng verbundenen Religion. Um des gemeinsamen Erbes willen müssen Christentum und Judentum einander Rede und Antwort stehen.

War Jesus aus jüdischer Sicht Pharisäer und Schriftgelehrter? Vielleicht. War er bedeutend? Ohne Zweifel. War er der Messias oder gar der Sohn Gottes? Aus jüdischem Verständnis nein.

Anmerkungen

1 Abraham – Jesus – Mohammed. Interreligiöser Dialog aus jüdischer Perspektive. Gütersloh 2000, S. 69.
2 Zur Quellenlage siehe Jürgen Roloff: Jesus von Nazareth, in: Religion in Geschichte und Gegenwart (hrsg. von Hans Dieter Betz et al.). Tübingen 2001[4], Bd. 4, Sp. 463f.
3 Johann Maier: Judentum von A bis Z. Glauben, Geschichte, Kultur. Freiburg i. Br. 2001, S. 231.
4 Joseph Klausner: Jesus of Nazareth. His Life, Times and Teachings (Übersetzung der hebr. Originalausgabe Yeshu ha-Notsri, zemano, hayav ve-torato von 1922). New York 1989, S. 231 f.
5 Anton Vögtle: Jesus Christus nach den geschichtlichen Quellen, in: Lexikon für Theologie und Kirche (hrsg. von Josef Höfer, Karl Rahner). Freiburg 1986[2], Bd. 5, Sp. 922 ff.
6 Josef Klausner: Jesus von Nazareth, in: Encyclopaedia Judaica. Berlin 1932, Bd. 9, Sp. 69 f.
7 David L. Balach und John E. Stambough: Das soziale Umfeld des Neuen Testaments (=Grundrisse zum Neuen Testament, Bd. 9) Göttingen 1992.
8 Bernd Kollmann: Paulus als Wundertäter, in: Paulinische Christologie (hrsg. Von Udo Schnelle und Thomas Söding), Göttingen 2000, S. 95f.
9 Schalom Ben-Chorin: Judentum und Jesusbild, in: Neues Lexikon des Judentums (hrsg. von Julius H.Schoeps). Gütersloh 2000, S. 400–402.
10 David Flusser: Jesus. Reinbek 1968, S. 127–132
11 Paul Winter: On the Trial of Jesus (hrsg. v. T.A. Burkill u. Geza Vermes). Berlin 1974[2], S. 44–48, 136ff.
12 Gerd Theißen, Annette Merz: Der historische Jesus. Ein Lehrbuch. Göttingen 2001[3], S. 408ff.
13 Chaim Cohn: Der Prozeß und Tod Jesus aus jüdischer Sicht. Frankfurt am Main / Leipzig 2001
14 Jürgen Roloff: Jesus von Nazareth, in: Religion in Geschichte und

Gegenwart (hrsg. von Hans Dieter Betz et al.). Tübingen 2001⁴, Bd. 4, Sp. 466.
15 Leo Trepp: Der jüdische Gottesdienst. Gestalt und Entwicklung. Stuttgart 1992, S. 200.
16 Daniel Krochmalnik: Parschandata. Raschi und seine Zeit, in: Jüdisches Leben in Bayern. Mitteilungsblatt des Landesverbandes der Israelitischen Kultusgemeinden in Bayern, April 2005.
17 Origenes, C. Celsum I 28. Übersetzt von Paul Koetschau. Bibliothek der Kirchenväter 1. Reihe, Bd. 52. München 1926.
18 Schalom Ben-Chorin: Theologia Judaica: gesammelte Aufsätze (hrsg. Von Verena Lenzen). Tübingen 1992, Bd. 2, S. 265.
19 Johann Maier: Jesus von Nazareth in der talmudischen Überlieferung. Darmstadt 1992².
20 Peter Schäfer: Jesus im Talmud. Tübingen 2007.
21 Johann Maier, Judentum von A–Z, S. 232.
22 Schalom Ben-Chorin: Theologia Judaica: gesammelte Aufsätze (hrsg. Von Verena Lenzen). Tübingen 1992, Bd. 2, S. 229.
23 Das jüdische Leben Jesu – Toldot Jeschu. Die älteste lateinische Übersetzung in den Falsitates Judeorum von Thomas Ebendorfer (hrsg. von Brigitta Callsen, Fritz Peter Knapp, Manuela Niesner und Martin Przybilski). München 2003.
24 Samuel Krauss: Das Leben Jesu nach jüdischen Quellen. Berlin 1902
25 Samuel Krauss: Neuere Ansichten über »Toldoth Jeschu«. – In: Monatsschrift für Geschichte und Wissenschaft des Judentums, Jg 76 (1932) Nr 6, S. 586–603. Bernhard Heller: Über das Alter der jüdischen Judas-Sage und des Toldot Jeschu. – In: Monatsschrift für Geschichte und Wissenschaft des Judentums, Jg 77 (1933) Nr 3, S. 198–210.
26 Vgl. Walter J. Fischel: Eine jüdisch-persische »Toldoth Jeschu«-Handschrift. – In: Monatsschrift für Geschichte und Wissenschaft des Judentums, Jg 78 (1934) Nr 3, S. 343–350.
27 Karl Schubert: Jüdische Geschichte (=Beck'sche Reihe 2018). München 1995, S. 75

28 Josef Kimchi: Sefer Ha'Berit, siehe »Kimhi, Joseph« in: Encyclopedia Judaica, Bd. 10, Jerusalem 1978, Sp. 1006–1007.
29 Gerschom Scholem: Ursprung und Anfänge der Kabbala (=Studia Judaica 3). Berlin 1962, S. 313.
30 David Berger: The Jewish-Christian Debate in the High Middle Ages. A Critical Edition of the Nizahon Vetus. Philadelphia 1979.
31 Israel Yuval: Zwei Völker in deinem Leib. Gegenseitige Wahrnehmung von Juden und Christen. Göttingen 2007, S. 105.
32 A. a. O., S. 206.
33 Ora Limor: Religionsgespräche, jüdisch-christlich, in: Theologische Realenzyklopädie (Studienausgabe, hrsg. von Gerhard Müller et al.), Bd. 28, Berlin/New York 2006, S. 649f.
34 Hans-Georg von Mutius: Die christlich-jüdische Zwangsdisputation zu Barcelona (= Judentum und Umwelt). Frankfurt am Main 1982, S. 28.
35 Siehe dazu »Jesus« in: Encyclopedia Judaica, Jerusalem 1978, Bd. 10, Sp. 14.
36 Andreas Kilcher: Gesetz und Auslegung, in: Neue Zürcher Zeitung, 12.08.2008.
37 Jakob Emden: Ez Awot (Kommentar zum Traktat Awot). Amsterdam 1751, zu Ab IV, 11.20.21.
38 Moses Mendelssohn: Jerusalem oder über religiöse Macht und Judenthum. In: Christoph Schulte/Andreas Kennecke/Grazyna Jurewicz: Moses Mendelssohn. Ausgewählte Werke, Band II. Darmstadt 2009. S. 202.
39 Joseph Salvador: Jésus-Christ et sa doctrine. Paris 1838 (2 Bde.). In deutscher Übersetzung: Das Leben Jesu und seine Lehre. Dresden 1841.
40 Vgl. auch die Artikel: Leben-Jesu-Forschung, in: Religion in Geschichte und Gegenwart. Handwörterbuch für Theologie und Religionswissenschaft (hrsg. von Hans Dieter Betz et al.). Tübingen 2002[4], Bd. 5, Sp. 147–148 und in: Lexikon für Theologie und Kirche (hrsg. von Josef Höfer und Karl Rahner). Freiburg 1986 (Sonderausg.), Bd. 6, Sp. 859–864 und John Macquarrie: Jesus VI (Neuzeit), in Theologische Realenzykopädie Studienausgabe Band

XVII, S. 16–42 (hrsg. Von Gerhard Müller et al.) Walter de Gruyter Berlin, New York 1993 und Dieter Georgi: Leben-Jesu-Theologie/Leben-Jesu-Forschung, in: TRE Band XX, S. 566–575 (hrsg. von Gerhard Müller et. al.) Walter des Gruyter Berlin, New York 1993.

41 Hermann Samuel Reimarus: Von dem Zwecke Jesu und seiner Jünger: noch ein Fragment des Wolfenbüttelschen Ungenannten (hrsg. von Gotthold Ephraim Lessing. Braunschweig, 1778. Und Fragmente des Wolfenbüttelschen Ungenannten. Ein Anhang zu dem Fragment vom Zweck Jesu und seiner Jünger (Bekanntgemacht von G.E. Lessing). Berlin 1784. Weiterhin: Vorrede zur Schutzschrift für die vernünftigen Verehrer Gottes. Göttingen 1967 (Facs. der Handschrift).

42 David Friedrich Strauß: Das Leben Jesu, kritisch bearbeitet. Tübingen 1984 (Reprogr. Nachdr. der 1. Aufl. 1835–36). Weiterhin: Streitschriften zur Vertheidigung meiner Schrift ueber das Leben Jesu und zur Charakteristik der gegenwaertigen Theologie. Hildesheim 1980 (Nachdr. der Ausg.: Tübingen, 1837). Der Christus des Glaubens und der Jesus der Geschichte. Eine Kritik des Schleiermacher'schen Leben Jesu. Gütersloh 1971 (Nachdr. der Ausg.: Berlin 1865).

43 Vgl. hierzu Jan Rohls: Protestantische Theologie der Neuzeit, Bd 1. Tübingen, 1997, 526 ff.

44 Vgl. Karl Mannheim: Ideologie und Utopie. Frankfurt am .Main. 1965^4.

45 Vgl. hierzu Troeltsch: Über historische und dogmatische Methode in der Theologie, in: ders.: Gesammelte Schriften, Bd. 2: Zur religiösen Lage, Religionsphilosophie und Ethik. Tübingen 1969 (Neudr. der 2. Aufl. 1922).

46 Vgl. hierzu v. a. Paul Tillich: Systematische Theologie, Bd.1. Stuttgart 1955.

47 Sören Kierkegaard. Philosophische Brocken. Abschließende unwissenschaftliche Nachschrift (Teil 1 und 2), in ders.: Gesammelte Werke (übers. von H. Gottsched und Christopf Schrempf), Bd. 6 und Bd. 7. Jena 1910. Vgl. dazu Hayo Gerdes. Das Christusbild

Sören Kierkegaards verglichen mit der Christologie Hegels und Schleiermachers. Düsseldorf 1960.
48 Gotthold Ephraim Lessing: Über der Beweis die Geistes und die Kraft, in ders.: Sämtliche Werke (hrsg. von Karl Lachmann), Bd. 13. Berlin: de Gruyter, 1979 (Nachdr. der Ausg. 1897).
49 Adolf von Harnack: Das Wesen des Christentums (hrsg. und kommentiert von Trutz Rendtorff). Gütersloh 1999.
50 Albert Schweitzer: Eine Geschichte der Leben-Jesu-Forschung (=UTB 1302). Tübingen 1984^9 (zuerst veröffentlicht unter dem Titel: Von Reimarus zu Wrede. Eine Geschichte der Leben-Jesu-Forschung. Tübingen 1906.
51 Johannes Weiss: Die Predigt Jesu vom Reiche Gottes. Göttingen 1892.
52 Albrecht Ritschl: Die christliche Lehre von der Rechtfertigung und Versöhnung, Bd. 1–3. Hildesheim 1978 (Nachdr. der Ausg.: Bonn 1882–1883).
53 Ernst Käsemann: Der Ruf der Freiheit. Tübingen 1968.
54 Wilhelm Herrmann: Dogmatik. Gotha / Stuttgart 1925 und ders.: Der Verkehr der Christen mit Gott. Tübingen 1921^7.
55 Martin Kähler: Der sogenannte historische Jesus und der geschichtliche, biblische Christus. München 1956^2.
56 Rudolf Bultmann: Jesus. Berlin 1926. Ders.: Das Verhältnis der urchristlichen Christusbotschaft zum historischen Jesus (=Sitzungsberichte der Heidelberger Akademie der Wissenschaften, Philosophisch-Historische Klasse 1960/3). Heidelberg 1960. Ders. Jesus Christus und die Mythologie. Das Neue Testament im Licht der Bibelkritik. Hamburg 1964.
57 Gerhard Ebeling: Die Frage nach dem historischen Jesus und das Problem der Christologie, in: Zeitschrift für Theologie und Kirche, Bd.1, 1959, S. 14–30.
58 Hans Küng: Rechtfertigung (=Serie Piper 674), München/Zürich 1957, S. 130f.
59 Ebd.
60 Vgl. hierzu Karl Rahner: Zur Theologie des Symbols, in: Sämtliche Werke, hrsg. von Karl Lehmann, Johann Baptist Metz, K.-H. Neu-

feld, A. Raffelt, H. Vorgrimter und A. R. Batlogg, 1995 ff. (im Erscheinen), S. 300.
61 Walter Kasper: Jesus der Christus, Mainz 1974.
62 Wolfhart Pannenberg: Grundzüge der Christologie. Gütersloh 1964.
63 Joseph Ratzinger: Jesus von Nazareth, Bd.1: Von der Taufe im Jordan bis zur Verklärung. Freiburg 2007.
64 Immanuel Kant: Die Religion innerhalb der Grenzen der bloßen Vernunft, in ders.: Werke. Berlin 2000 (Akad. Textausg., unveränd. Abdr. Des Textes der von der Preußischen Akad. Der Wiss. 1902 begonnenen Ausg. von Kants gesammelten Schriften).
65 David Friedrich Strauß: Die christliche Glaubenslehre in ihrer geschichtlichen Entwicklung und im Kampfe der modernen Wissenschaft. Darmstadt 2009 (Nachdr. der Ausg.: Tübingen / Stuttgart 1841).
66 Falk Wagner. Christologie als exemplarische Theorie des Selbstbewusstseins, in ders.: Die Realisierung der Freiheit. Beiträge zur Kritik der Theologie Karl Barths (hrsg. von Trutz Rendtorff). Gütersloh 1975, S. 135–167.
67 Paul Tillich: Das neue Sein (=Religiöse Reden 2). Stuttgart 1957. Ders.: Christologie und Geschichtsdeutung, in: Gesammelt Werke, Bd. 4: Der Widerstreit von Raum und Zeit. Schriften zur Geschichtsphilosophie. Stuttgart 1963, S. 83–96.
68 Alois Emanuel Biedermann. Christliche Dogmatik, Bd. 1–2. Berlin 1884–1885[2].
69 James Robinson (* 1924) hat die christliche Leben-Jesu-Forschung nach Ernst Käsemann als »New Quest« (Neue Suche) oder »Second Quest« bezeichnet. Es ist aus dieser Bewegung sogar ein »Third Quest« entstanden, der den Quellen außerhalb des Neuen Testaments größere, zumindest aber gleichwertige Bedeutung beimessen wollte. Vgl. hierzu: Leander E. Keck: The Second Coming of the Liberal Jesus? in: Marcus Borg (Hg.): Meeting Jesus Again for the First Time: The Historical Jesus and the Heart of Contemporary Faith. San Francisco 1995. Einer der Vertreter dieser »Third Quest« ist John Dominic Crossan (* 1934), einer der Mitbegründer des

umstrittenen Jesus Seminars, ein Seminar in Kalifornien, das sich laut eigener Aussage ganz der Suche nach authentischem Material über Jesus von Nazareth widmet. Siehe dazu Dieter Georgi: Leben-Jesu-Theologie/Leben-Jesu-Forschung, in: Theologische Realenzykopädie Studienausgabe Band XX (hrsg. von Gerhard Müller et al.) Walter des Gruyter Berlin, New York 1993, S. 571 f.

70 Artikel: »Jesus Christus« in: Religion in Geschichte und Gegenwart. Handwörterbuch für Theologie und Religionswissenschaft (hrsg. von Hans Dieter Betz et al.). Tübingen 2001⁴, Bd. 4, Sp. 483.

71 Artikel: »Leben-Jesu-Forschung« in: Religion in Geschichte und Gegenwart. Handwörterbuch für Theologie und Religionswissenschaft (hrsg. von Hans Dieter Betz et al.). Tübingen 2002⁴, Bd. 5, Sp. 147–148

72 Werner Vogler: Jüdische Jesusinterpretationen in christlicher Sicht. Weimar 1988, S X.

73 Susannah Heschel: Der jüdische Jesus und das Christentum. Abraham Geigers Herausforderung an die christliche Theologie. Berlin 2001.

74 Adolf von Harnack: Das Wesen des Christentums (hrsg. und kommentiert von Trutz Rendtorff). Gütersloh 1999, S. 56. Eine »Wesensbestimmung« des Christentums aus katholischer Sicht versuchte 1902 Alfred Loisy mit seinem Werk: L'Évangile et l'Église. Paris 1902.

75 Adolf von Harnack: Das Wesen des Christentums, S. 14.

76 Adolf von Harnack: Wesen, S. 19.

77 Adolf von Harnack: Wesen, S. 22.

78 Adolf von Harnack: Wesen, S. 17. Vgl. auch A. von Harnack: Das Christentum und die Geschichte. 1896, S. 19, in: Harnack: Reden und Aufsätze. Bd. 2. Gießen 1906², S. 1–21; und Carl-Jürgen Kaltenborn: Adolf von Harnack als Lehrer Dietrich Bonhoeffers. Theologische Arbeiten, 31, Berlin (DDR) 1973, S. 35.

79 Adolf von Harnack: Wesen, S. 20.

80 Das wird am deutlichsten in Adolf von Harnack: Über die Sicherheit und die Grenzen geschichtlicher Erkenntnis. 1917, S. 21 f, in: Harnack: Erforschtes und Erlebtes: Reden und Aufsätze. Bd. 4,

Gießen 1923, S. 3–23; vgl. auch Adolf von Harnack: Wesen. S. 89.98.

81 Vgl. Adolf von Harnack: Lehrbuch der Dogmengeschichte. 3 Bde., Tübingen 1909/10⁴, hier: Bd. 1, S. 20.

82 Obgleich Harnack am Anfang die Gebundenheit allen menschlichen Seins an »die Koeffizienten seiner eigentümlichen Anlagen und Zeit« betont (Adolf von Harnack: Wesen. S. 19), verschiebt sich im Laufe seiner Darstellung das Gewicht seiner Argumentation auf die »wahrhaft epochemachenden Persönlichkeiten«, die primär danach beurteilt werden, was von ihnen in der Geschichte weiterlebte (vgl. Adolf von Harnack: Wesen. S. 42).

83 Adolf von Harnack: Wesen. S. 37 f; vgl. auch S. 115: der »Schutt der jüdischen Religion«; vgl. auch Harnacks positive Einschätzung der Religion und Religionsgeschichte des Alten Testamentes, a. a. O., S. 89 f.

84 Adolf von Harnack: Wesen. S. 38 f.

85 Adolf von Harnack: Wesen. S. 22.75; vgl. auch S. 21.80.

86 Adolf von Harnack: Wesen. S. 51.52–54.

87 In diesem Zusammenhang wird Harnacks Verbindung zu Wellhausen ganz deutlich; vgl. Joseph Eschelbacher: Das Judentum und das Wesen des Christentums. Vergleichende Studien (=Schriften 3). Berlin 1908² (1904¹), S. 21–23; Martin Schreiner: Die jüngsten Urteile über das Judentum kritisch untersucht. Berlin 1902, S. 14f. Die historisch-kritische Forschung wurde von der jüdischen Theologie aufmerksam rezipiert: vgl. Eschelbacher: Das Judentum und das Wesen des Christentums, S. 2–8 und Eschelbacher: Das Judentum im Urteile der modernen protestantischen Theologie (=Schriften 5). Leipzig 1907, S. 1–22; vgl. auch die Behandlung des Streites zwischen Felix Perles und Wilhelm Bousset in: Heinrich Holtzmann: Besprechung der Kontroverse zwischen F. Perles und W. Bousset, in: Theologische Literaturzeitung 29, 1904, S. 43–46.

88 Nach Felix Perles: Was lehrt uns Harnack? Frankfurt am Main 1902, S. 29f.

89 Gösta Lindeskog: Die Jesusfrage im neuzeitlichen Judentum. Ein

Beitrag zur Geschichte der Leben-Jesu-Forschung. Darmstadt 1973 (Nachdr. mit erw. Bericht. der Ausg. Uppsala 1938).

90 Johann Hinrich Claussen: Die Dornenkrone war nicht im Paket. Frankfurter Allgemeine Zeitung, 25. Mai 2004.

91 Leo Baeck: Die Pharisäer (= Schocken Bücherei 6). Berlin 1934.

92 D. Martin Luthers Werke: Kritische Gesamtausgabe. Bd. 40 I. Weimar 1883 ff. S. 672: »Quare credentibus in Christum tota lex abrogata est.«

93 Leo Baeck: Werke (hrsg. Von Albert H. Friedlander et al.), Bd. 4. Gütersloh 2006, S. 446. Daneben hat sich Baeck auch intensiv mit Paulus beschäftigt. Vgl. Elias H. Füllenbach: Vom Paulus zum Saulus. Christliche und jüdische Paulusauslegung im 20. Jahrhundert, in: Wort und Antwort 49, 2008, S. 100–104.

94 A. a. O., S. 403.

95 Hermann Cohen: Jüdische Schriften (hrsg. von Bruno Strauss), Bd. 1. Berlin 1924, S. 18–35.

96 Yehezkel Kaufmann: Goleh ve-Nekar. Tel Aviv 1929, S. 342.

97 Joel Carmichael: Leben und Tod des Jesus von Nazareth. München 1965.

98 Samuel Sandmel: We Jews and Jesus. New York / London 1965.

99 Ernst Ludwig Ehrlich: Eine jüdische Auffassung von Jesus, in: Jesu Jude-Sein als Zugang zum Judentum (hrsg. von W. P. Eckert und H. H. Henrix, =Aachener Beiträge zu Pastoral- und Bildungsfragen 6). Aachen 1976, S. 35–49.

100 Hans Joachim Schoeps: Jesus und das jüdische Gesetz. In ders.: Studien zur unbekannten Religions- und Geistesgeschichte (=Veröffentlichungen d. Gesellschaft für Geistesgeschichte 3). Göttingen 1963, S. 41–61. Hans Joachim Schoeps: Die großen Religionsstifter und ihre Lehren. Darmstadt 1954³, S. 75.

101 Hans Joachim Schoeps: Die großen Religionsstifter und ihre Lehren. Darmstadt 1954³, S. 60.

102 Vgl. hierzu David Flusser: Jesus (=Rowohlts Monographien Bd. 140), Reinbek bei Hamburg 1968.

103 Joseph Ratzinger: Jesus von Nazareth, S. 10.

104 Joseph Ratzinger: Jesus von Nazareth, S. 11.

105 Jacob Neusner: My Argument with the Pope, in: Jerusalem Post, 29. Mai 2007.
106 Ebd.
107 Joseph Ratzinger: Einführung in das Christentum. Vorlesungen über das Apostolische Glaubensbekenntnis. München 2005⁶, S. 305.
108 Joseph Ratzinger: Einführung in das Christentum, S. 306.
109 Joseph Ratzinger: Einführung in das Christentum, S. 307.
110 In: Die Kirchen und das Judentum, Bd. 2: Dokumente von 1986–2000 (hrsg. von Hans Hermann Henrix und Wolfgang Kraus). Paderborn 2001, S. 109.
111 Joseph Ratzinger: Jesus von Nazareth, S. 11.
112 Joseph Ratzinger: Jesus von Nazareth, S. 10.
113 Joseph Ratzinger: Jesus von Nazareth, S. 14.
114 Joseph Ratzinger: Einführung in das Christentum, S. 188.
115 Joseph Ratzinger: Jesus von Nazareth, S. 17.
116 Vorwort Joseph Ratzingers, in: Das jüdische Volk und seine Heilige Schrift in der christlichen Bibel – 24.Mai 2001 (hrsg. von der Deutschen Bischofskonferenz, =Verlautbarungen des Apostolischen Stuhls 152). Bonn 2001, S. 3–8.: «Das hier vorzustellende Dokument der Päpstlichen Bibelkommission sagt darüber: »Sans l'Ancien Testament, le Nouveau Testament serait un livre indéchiffrable, une plante privée de ses racines et destinée à se dessécher« [Ohne das Alte Testament wäre das Neue Testament ein Buch, das nicht entschlüsselt werden kann, wie eine Pflanze ohne Wurzeln, die zum Austrocknen verurteilt ist.] (Nr. 84).
117 Vorwort Joseph Ratzingers, in: Das jüdische Volk und seine Heilige Schrift in der christlichen Bibel – 24.Mai 2001 (hrsg. von der Deutschen Bischofskonferenz, =Verlautbarungen des Apostolischen Stuhls 152). Bonn 2001, S. 3–8: »…correspond cependant à une potentialité de sens effectivement présente dans les textes« (No. 64).
118 A.a.O. Nr. 22. Vgl. dazu das Dokument I.C.2: Zugänge über die jüdische Interpretations-Tradition, in: Die Interpretation der Bibel in der Kirche. Ansprache Seiner Heiligkeit Johannes Paul II. und

Dokument der Päpstlichen Bibelkommission (hrsg. von der Deutschen Bischofskonferenz, =Verlautbarungen des Apostolischen Stuhls 115). Bonn 1993, I.C.2 : »Zugänge über die jüdische Interprettions-Tradition«.
119 Joseph Ratzinger: Jesus von Nazareth, S. 18 f.
120 Vorwort Joseph Ratzingers, in: Das jüdische Volk und seine Heilige Schrift in der christlichen Bibel – 24.Mai 2001 (hrsg. von der Deutschen Bischofskonferenz, =Verlautbarungen des Apostolischen Stuhls 152). Bonn 2001, S. 3–8.
121 Joseph Ratzinger: Jesus von Nazareth, S. 18.
122 Papst Benedikt XVI: Enzyklika SPE SALVI von Papst Benedikt XVI. an die Bischöfe, an die Priester und Diakone, an die gottgeweihten Personen und an alle Christgläubigen über die christliche Hoffnung – 30. November 2007 (hrsg. von der Deutschen Bischofskonferenz, =Verlautbarungen des Apostolischen Stuhls 179). Bonn 2007, S. 32.
123 Die »Mission« der Deutsch-Evangelischen Kirche, in: Mitteilungen des Deutsch-Israelitischen Gemeindebundes (DIGB), 1890, 2-4, zit. n. Walter Homolka: Jüdische Identität in der modernen Welt. Leo Baeck und der deutsche Protestantismus. Gütersloh 1994, S. 38 f.
124 Joseph Ratzinger: Jesus von Nazareth, S. 18.
125 Vgl. Georg Essen: Historische Vernunft der Auferweckung Jesu. Mainz 1995, S. 105.
126 Jakob J. Petuchowski: New Perspectives on Abraham Geiger. Cincinnati 1975. Hartmut Bomhoff: Abraham Geiger. Durch Wissen zum Glauben. Berlin 2006, S. 30.

Ausgewählte Literaturempfehlungen

Baeck, Leo: Das Evangelium als Urkunde der jüdischen Glaubensgeschichte. Berlin 1938; wieder abgedruckt in: A.H. Friedlander / B. Klappert / W. Licharz (Hg.), Leo Baeck Werke Bd. 4, Gütersloh 2000, 401–473.

Baeck, Leo: Das Wesen des Judentums, Berlin 1905[1]; wieder abgedruckt in: A.H. Friedlander / B. Klappert / W. Licharz (Hg.), Leo Baeck Werke Bd. 1, Gütersloh 1998.

Ben-Chorin, Schalom: Jesus im Judentum (=Schriftenreihe für christlich-jüdische Begegnung Bd. 4). Wuppertal 1970.

Ben-Chorin, Schalom: Bruder Jesus. Der Nazarener in jüdischer Sicht. München 1979[3.]

Cohn, Chaim: Der Prozeß und Tod Jesu aus jüdischer Sicht. Frankfurt am Main 1997.

Ehrlich, Ernst Ludwig: Die Evangelien in jüdischer Sicht, in: P. Ascher (Hg.), Evangelium und Geschichte in einer rationalisierten Welt, Trier 1969, 153–165.

Flusser, David: Jesus mit Selbstzeugnissen und Bilddokumenten (= Rowohlts Monographien Bd. 140), Reinbek bei Hamburg 1968.

Frankemölle, Hubert: Das jüdische Neue Testament und der christliche Glaube. Grundlagenwissen für den jüdisch-christlichen Dialog. Stuttgart 2009.

Harnack, Adolf von: Das Wesen des Christentums (hrsg. und kommentiert von Trutz Rendtorff), Gütersloh 1999.

Hengel, Martin / Schwemer, Anna M.: Jesus und das Judentum. Tübingen 2007.

Heschel, Susannah: Der jüdische Jesus und das Christentum. Abraham Geigers Herausforderung an die christliche Theologie. Berlin 2001

Homolka, Walter: Jüdische Identität in der modernen Welt. Leo Baeck und der deutsche Protestantismus. Gütersloh 1994.

Klausner, Joseph: Jesus of Nazareth. His Life, Times and Teachings. New York 1989 (deutschsprachige Erstausgabe: Jesus von Nazareth : Seine Zeit, sein Leben u. seine Lehre, Berlin 1930).

Lapide, Pinchas: Ist das nicht Josephs Sohn? Jesus im heutigen Judentum. Stuttgart 1976.

Lapide, Pinchas, und Lutz, Ulrich: Der Jude Jesus. Thesen eines Juden, Antworten eines Christen. Düsseldorf / Zürich 1979.

Levinson, Nathan Peter: Der Messias, Stuttgart 1994.

Maccoby, Hyam: Revolution in Judaea. Jesus & The Jewish Resistance. London 1973.

Magonet, Jonathan: Abraham – Jesus – Mohammed. Interreligiöser Dialog aus jüdischer Perspektive. Gütersloh 2000.

Maier, Johann: Jesus von Nazareth in der talmudischen Überlieferung (=Erträge der Forschung Bd. 82). Darmstadt 1978.

Neusner, Jacob: Ein Rabbi spricht mit Jesus. Ein jüdisch-christlicher Dialog. Freiburg i. Br. 2007.

Ratzinger, Joseph: Jesus von Nazareth. Von der Taufe im Jordan bis zur Verklärung. Freiburg 2007.

Schäfer, Peter: Jesus im Talmud. Tübingen 2007.

Theißen, Gerhard / Merz, Annette: Der historische Jesus. Ein Lehrbuch, Göttingen 1997[2].

Volken, Laurenz: Jesus der Jude und das Jüdische im Christentum. Düsseldorf 1983.

Wolffsohn, Michael: Juden und Christen – ungleiche Geschwister: Die Geschichte zweier Rivalen. Düsseldorf 2008.

Yuval, Israel: Zwei Völker in deinem Leib. Gegenseitige Wahrnehmung von Juden und Christen. Göttingen 2007.

Prof. Dr. Walter Homolka (Ph.D. King's College London, D.H.L. Hebrew Union College – Jewish Institute of Religion New York) geb. 1964, ist deutscher Rabbiner, Rektor des Abraham Geiger Kollegs an der Universität Potsdam und Honorarprofessor an ihrer philosophischen Fakultät. Das Mitglied des Executive Board der World Union for Progressive Judaism Jerusalem ist Chairman der Leo Baeck Foundation, Mitglied im Gesprächskreis Juden und Christen beim Zentralkomitee der deutschen Katholiken und Vorsitzender des Ernst-Ludwig-Ehrlich-Studienwerks.